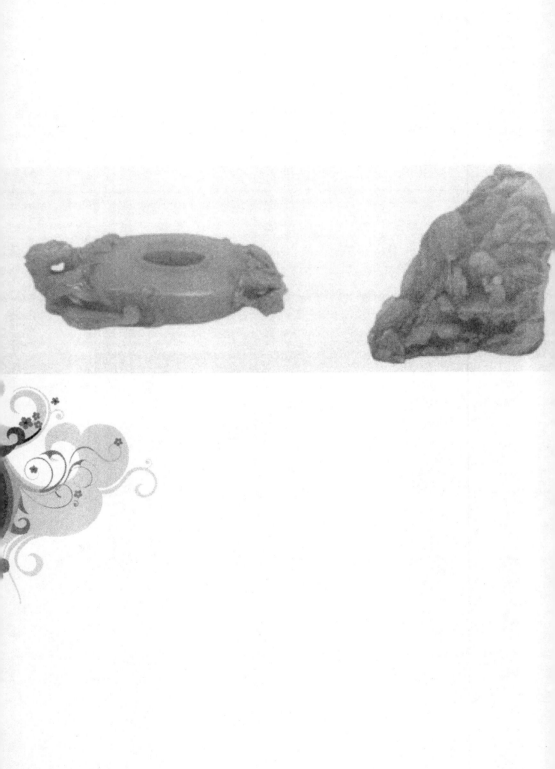

Zhongguo Wenhua
Zhishi Duben

中国文化知识读本

中国玉器与玉文化

主编　金开诚
编著　徐姣瑾

吉林出版集团有限责任公司
吉林文史出版社

图书在版编目（CIP）数据

中国玉器与玉文化 ／ 徐姣瑾编著. —— 长春 ：

吉林出版集团有限责任公司 ：吉林文史出版社，2009.12 （2023.4重印）

（中国文化知识读本）

ISBN 978-7-5463-2008-3

Ⅰ. ①中… Ⅱ. ①徐… Ⅲ. ①玉器-文化-中国

Ⅳ. ①K876.8

中国版本图书馆CIP数据核字(2009)第237343号

中国玉器与玉文化

ZHONGGUO YUQI YU YUWENHUA

主编／金开诚　编著／徐姣瑾

项目负责／崔博华　责任编辑／曹　恒　于　涉

责任校对／王凤翎　装帧设计／曹　恒

出版发行／吉林出版集团有限责任公司　吉林文史出版社

地址／长春市福祉大路5788号　邮编／130000

印刷／天津市天玺印务有限公司

版次／2009年12月第1版　印次／2023年4月第3次印刷

开本／660mm×915mm　1/16

印张／8　字数／30千

书号／ISBN 978-7-5463-2008-3

定价／34.80元

前 言

　　文化是一种社会现象，是人类物质文明和精神文明有机融合的产物；同时又是一种历史现象，是社会的历史沉积。当今世界，随着经济全球化进程的加快，人们也越来越重视本民族的文化。我们只有加强对本民族文化的继承和创新，才能更好地弘扬民族精神，增强民族凝聚力。历史经验告诉我们，任何一个民族要想屹立于世界民族之林，必须具有自尊、自信、自强的民族意识。文化是维系一个民族生存和发展的强大动力。一个民族的存在依赖文化，文化的解体就是一个民族的消亡。

　　随着我国综合国力的日益强大，广大民众对重塑民族自尊心和自豪感的愿望日益迫切。作为民族大家庭中的一员，将源远流长、博大精深的中国文化继承并传播给广大群众，特别是青年一代，是我们出版人义不容辞的责任。

　　本套丛书是由吉林文史出版社和吉林出版集团有限责任公司组织国内知名专家学者编写的一套旨在传播中华五千年优秀传统文化，提高全民文化修养的大型知识读本。该书在深入挖掘和整理中华优秀传统文化成果的同时，结合社会发展，注入了时代精神。书中优美生动的文字、简明通俗的语言、图文并茂的形式，把中国文化中的物态文化、制度文化、行为文化、精神文化等知识要点全面展示给读者。点点滴滴的文化知识仿佛颗颗繁星，组成了灿烂辉煌的中国文化的天穹。

　　希望本书能为弘扬中华五千年优秀传统文化、增强各民族团结、构建社会主义和谐社会尽一份绵薄之力，也坚信我们的中华民族一定能够早日实现伟大复兴！

目录

一、玉的文化意蕴

玉器以精美绝伦的外观和温润光洁
的内质享誉海内外

中国是世界文明的发源地之一，有着悠久的文明历史。玉器是中华文明起源的主要特征之一，它以精美绝伦的外观和温润光洁的内质而享誉海内外。中国使用玉器有近万年的悠久历史，华夏祖先很早就选择美石磨制玉器。最早见于内蒙古查海兴隆洼文化遗址的一对白色玉玦，表明了旧石器时代晚期中国玉业的萌芽。此外，中国是世界上仅有的将玉与人性合二为一的国家，玉在中国人的心目中自古以来就是神圣、高贵、纯洁的象征，代表着人的高尚品格。它影响着中国社会的政治、经济、礼仪、宗教等方面，一部玉器发展史就是一部可歌可泣的中华文明历史。在古代，玉在中国人心中具体是什么样子的呢？它又是如何表现它特有的内质的呢？

玉扳指

（一）玉与君子

刻在龟甲上的甲骨文和铸刻在殷周青铜器上的铭文——钟鼎文，都是我国古老的文字。在这两种古代文字中都有"玉"字。东汉许慎《说文解字》释"玉"曰："象三玉之连其贯也。"大概的意思是"玉"是一个象形字，最初来源于把三块横玉用一条玉贯联结起来。"石之美有五德者"，五德指"润泽以温，仁之方也；鳃理自外，可以知中，义之方也；其声舒扬，专以远闻，智之方也；不挠而折，勇之方也；锐廉而不忮，絜之方也"，这是古人对玉广义的理解。《辞海》中简化了对玉的理解，定义为"温润而有光泽的美石"。从古至今中国人仍常常"借玉比德"，借玉内质的温润光洁来比喻正人君子品德的高尚，比如"谦谦君子，温润如玉"。

作为中国正统思想的儒家对玉器也是推崇备至，孔子在他的论述中曾多次提到

玉是神圣、高贵、纯洁的象征

了对玉器的看法，对玉制礼器也极为推崇。早在西周时期，佩带成组玉饰的习俗在一些贵族阶级中就开始盛行，后来儒家弟子对这种佩玉的习俗在理论上给以肯定，大力提倡"以玉比德，使佩玉制度化"。儒家弟子大力推崇玉器，在儒家的思想上讲究"君子必佩玉""无故，玉不去身"等。文人以佩玉来表明自己是一位品德高尚，理应受到信任和尊重的君子。佩玉在身以规范自己的言行不要越规出格，不遇凶丧之事不能将佩玉解下来。此外儒家还提倡"君子比德于玉"，将玉道德化、人格化。这些都大大加强了玉的文化含量，使玉文化在中国传统文化中占有重要的地位，使华夏祖先爱玉、崇玉的情结得以继续升华，在社会中引起广泛影响，为后来贵族阶级选择"玉"作为其政治思想和道德观念的载体作了强有力的铺垫。

"和氏之璧"借一块玉的故事表现了君子的"宁为玉碎，不为瓦全"的高尚气节，表现了人的精神。作为中国历史上著名的一块美玉，它充满了传奇色彩。在它流传的数百年间里，被尊奉为"价值连城"的"天下所共传之宝"，又称荆玉、荆虹、荆璧、和璧、和璞。它的传奇在于每次更换主人都伴随着

血腥的杀戮。关于和氏璧的最早记载，见于《韩非子》《新序》等书，并且情节大致相同。

春秋战国时期，楚国有一个叫卞和的琢玉能手，他在荆山里得到一块璞玉。卞和捧着璞玉去见厉王，厉王命玉工查看，玉工说这只不过是一块石头。厉王大怒，以欺君之罪砍下卞和的左脚。厉王死，武王即位，卞和再次捧着璞玉去见武王，武王又命玉工查看，玉工仍然说这只是一块石头，卞和因此又失去了右脚。武王死，文王即位，卞和抱着璞玉在楚山下痛哭了三天三夜。文王得知后派人询问为何，卞和说："我并非因被砍断双脚而悲伤，而是为这块宝玉却被说是废石，我是老实人，却被认为是骗子，我是因屈辱感到难受啊！"文王听后深受感动，命人剖开这块璞玉，见真是一块世间难得的宝玉，后使人雕琢其璞，赐名为"和氏璧"。楚王得此稀世美玉后，舍不得雕琢成器，将它奉为宝物珍藏起来。

又过了四百余年，楚威王为表彰有功忠臣，特将和氏璧赐予相国昭阳。昭阳率宾客游赤山时，出玉璧供人观赏，不料众人散去后，和氏璧不翼而飞。五十余年后，赵国人缪贤在集市上用五百金购得一块玉。令人意想不到的是，经玉工仔细鉴别，发现此玉就

和氏璧

是失踪多年的稀世之宝玉"和氏璧"。赵惠文王听说和氏璧在赵国出现，便将和氏璧据为己有。秦昭王获悉赵惠文王得和氏璧后，立刻写信给赵王说，愿意以秦国十五座城池来换取赵惠文王所得的这块"和氏璧"。赵惠文王收到秦昭王的书信后，一下子拿不定主意，于是召集大将军廉颇和身边重臣，商量应对之策。大伙认为如果把和氏璧送给秦国，恐怕秦国不会真用十五座城来交换，枉受欺骗；如果不给，秦强赵弱，又恐秦国出兵攻打赵国。左右为难，想派个使者到秦国去交涉，又找不到合适的人选。正在此时，宦官缪贤走出来说："我

玉璧

有个家臣，叫蔺相如，此人智勇双全，不如派他到秦国去。"

于是，赵惠文王任命蔺相如做使臣，带着和氏璧西使秦国。秦昭王在章台（秦宫名，旧址在今陕西西安市西水）接见蔺相如，蔺相如双手捧璧，献给秦王，秦王接过璧非常高兴，又依次递给妃嫔、文武大臣和侍从们欣赏。过了很久，秦王却绝口不提以城换璧的事，蔺相如知道秦王绝对不会以城换璧，知其有诈，便对秦王说："这块宝玉很好，就是有点小毛病，让我指给大王看。"秦王听后，就把璧交给他，蔺相如接过璧，迅速后退几步，身子靠着柱子，愤怒得连头发都

蔺相如塑像

蔺相如庙

快竖起来了，义正词严地对秦王大声说道："大王想要这块美玉，写信给赵王，答应用十五座城来交换，当时赵王召集文武大臣商议，都说秦国贪得无厌，仗着势力强大，想用几句空话骗取赵国的宝玉。大家都不同意把璧送来。可我却认为：即使老百姓交朋友，尚且互不欺骗，何况秦国是个堂堂大国呢？再说也不能因为一块璧的缘故而伤了两国的和气。赵王采纳了我的意见，并且还斋戒了五天，写了国书，然后派我作使臣带着宝玉来到秦国。态度如此恭敬，可大王却在一般的离宫接见我，而且态度又如此傲慢，大王

蔺相如墓

把这么贵重的宝玉，随便递给宫女侍从们观看，分明是在戏弄我，也是对赵国不敬。我看大王并没有用城换璧的诚意，所以我把它要了回来。如果大王一定要逼我，我情愿和这块宝玉，在柱子上撞个粉碎。说罢，举起和氏璧，眼瞅柱子，作势向柱子撞去。秦王怕蔺相如把璧毁了，急忙赔礼道歉，请他不要那样做，一面叫来掌管地图的官员送上地图。秦王摊开地图对蔺相如说，从这里到那里的十五座城，划归赵国。蔺相如想到秦王现在不过是装装样子而已，绝对不会把城给赵国，于是又对秦王说：现在大王要接受这块璧，也应该斋戒五天，然后在朝廷上举行九宾之礼，我才能把璧献给大王。"秦王想到璧在蔺相如手里，不好强取硬夺，便答应斋戒五天，然后，又派人送蔺相如去休息。

蔺相如到了住处，选了一名精干的随从，让他穿上粗布衣服，打扮成普通老百姓的模样，揣着和氏璧，悄悄地从小路连夜赶回赵国。

再说秦王假装斋戒了五天，就在朝廷上设下隆重的九宾之礼。蔺相如走上朝廷，对秦王行了礼说："秦国从秦穆公以来，已经有二十一位国君了，没有一个是讲信用的。我怕受大王的欺骗而对不起赵国，所以早派

玉簪子

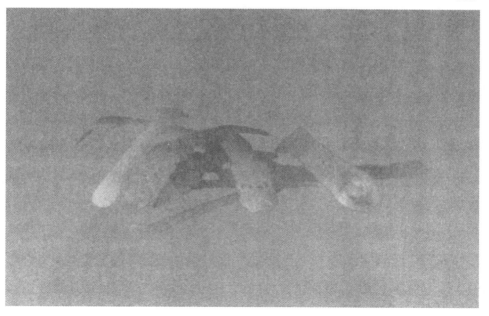

人带璧离开秦国，恐怕现在早已到赵国了。"秦王听后，十分恼怒。

蔺相如仍旧从容不迫地说："今日之势，秦强赵弱，因此大王一派使者到赵国要璧，赵国不敢违抗，马上就派我把璧送来。现在要是秦国真把十五座城割让给赵国以换取和氏璧，赵国哪敢要秦国的城邑而得罪大王？欺骗大王，罪当万死，我已不存生还赵国之望，现在就请大王把我放在油锅里烹死吧，这样也能使诸侯知道秦国为了一块璧的缘故而诛杀赵国的使者，大王的威名也能传播四方了。"

司马迁像

秦王自知阴谋被揭穿，又狡辩不得，只

好苦笑一番。而秦王左右的大臣卫士，有的建议把蔺相如杀掉，但均被秦王喝住了。秦王说："现在即使把蔺相如杀了，也得不到璧，反而损害了秦赵两国的友谊，也有损秦国的名声，倒不如趁机好好招待他，让他回赵国去。"

于是秦王依旧按九宾之礼在朝廷上隆重地招待了蔺相如，然后客气地送他回国。因为秦国一直不肯把十五座城割给赵国，赵国自然也就没有把璧送给秦国。

这段历史在司马迁的《史记》中有详细的记载。故事歌颂的不仅仅是卞和识玉的才智，他为了一块"楚山璞"而不畏刑罚，失

君子好玉，因为玉是高尚品格的象征

蔺相如倚柱欲碎玉

去双脚后仍锲而不舍！这是多么可歌可泣的精神！讴歌了我们中华民族的坚韧精神和不屈不挠的意志！成为几千年来哲人口中的谆谆告诫："识物，识人。""玉不琢，不成器"这句话也已远远超出咏物范围，成为造就人才的箴言。"完璧归赵"记载的也不仅仅是蔺相如出使秦国的故事，它表现了玉的精神内涵，借"宁为玉碎，不为瓦全"颂扬了中国人恪守信约的美德和舍生取义为正义而献身的情操，充分体现了"玉"和"人格"的结合，体现了高尚的人格、君子的气节、优秀的品德以及生活的理想。

（二）玉与中国人的审美观

中国民间有一个神话传说——女娲补天。相传，水神共工和火神祝融两神因争夺权力打起仗来，他们从天上打到地上，最终水神输了。气急败坏的共工为了撒气撞倒了撑天的柱子不周山，天一下子塌下半边来，砸了很多窟窿，地也被砸裂了。地上的洪水及天河的水不停地漏下来，大地上洪水泛滥，到处是熊熊的大火，情形十分悲惨。女娲为了解救人类，用五彩石补天，用东海神龟的四只脚顶住苍天。经过几次努力，女娲终于

补好了天。天地间又恢复了先前的宁静，天边出现了五彩云霞。一切生物又都快乐地生活着。

传说中的古人为什么要说补天用的是五彩石，而不是随便找一块石头补上呢？很简单因为五彩石具有美感。从神话中可见早期人类对美学的追求。早期的古人认为"美石为玉"，只要是漂亮的石头，就可以称为玉，不强调后来的温润、透亮的感觉。玉产生的一个基础原因就是由物质上获得了精神上的满足，我们可以这样理解，由物质到精神。这种精神上获得的瞬

精美的玉器杂件

间满足，我们是可以体会到的。玉器的繁荣，实际上是精神的追求，是人类逐渐由物质化向精神化方向的追求，是人类文明进化的一个标志。欣赏玉器要领会八个字：山川精英，人文精美。山川之精英我们在上面已说过，人文之精美，主要是玉器的造型美和雕琢美，以及影响造型美、雕琢美的工艺，社会诸因素等。由于雕刻工具和雕刻工艺的不断创新，加上审美和风俗的各异，玉器的用途和所扮演的角色大不相同。因此，在历史上的每个时期玉器的造型及主题风格也各具特色，姿态万千，竞相争艳。

二、玉器的功能

孔子对玉制礼器极为推崇

（一）政治功能

从蒙昧的原始社会末期到满清王朝，有相当多的玉器被打上了政治烙印，成为政治等级制度的重要标志。孔子作为儒家的创始人，他的思想后来成为中国几千年的正统思想，在他的众多论述中曾多次提到了对玉器的看法。在他所处的时代，正是用玉制度形成的时代。礼制是他最为重要的思想之一，他将玉器与礼相结合，对于玉制礼器极为推崇。此外，他还认为玉帛等器物难以全面地表现礼的全部内容，玉器的内在美是极为重要的，他重点强调玉器的表现形式要与内

西周玉璧

容相统一。在中国玉文化的发展历史过程
中，由于儒家正统思想的介入，玉的文化
内涵也随着社会变迁而变得更加丰富。玉
器由最初的主要为原始宗教活动碾磨而制
的"法器"和祭祀的原始礼器，逐渐发展
为精美的玉雕，成为贵族阶层用以表示社
会地位和身份的佩饰，这在中国玉器发展
史上是很大的进步。

早在西周时期佩带成组玉饰的习俗在
一些贵族阶级中就开始盛行。在春秋战国
时代就有"六瑞"的使用规定，六种不同
地位的官员使用六种不同的玉器，即所谓

"王执镇圭、公执桓圭、侯执信圭、伯执躬圭、子执谷璧和男执蒲璧"。天子用尺寸最大的玉器，按级别高低依次减小尺寸。秦以后，玉玺成了君权的象征。秦始皇制成一枚传国玉玺，以后各代帝王认为得了此玺才是真命天子。传说这块玉玺的原料就是当年那块传奇美玉"和氏璧"。秦始皇想借这块稀世之宝来祈上天保佑秦王朝盛世不衰，世世代代永享富贵。

传说秦始皇统一六国后，将和氏璧制成了传国玉玺。公元前221年秦皇嬴政灭齐，灭六国统一了中国，建立了中国历史上第一个统一的、多民族的、专制主义中央集权制国家——秦，这也是中国封建制王朝的开始。秦始皇

相传秦始皇统一六国后，将和氏璧制成了传国玉玺

称帝后，命咸阳玉工王孙寿将和氏璧精研细磨，雕琢成一枚皇帝玉玺，称之为"天子玺"。据史书记载，这块玉玺用陕西蓝田白玉雕琢而成，螭虎钮，一说龙鱼凤鸟钮。玉玺上刻文是秦王命丞相李斯以篆书写的"受命于天，既寿永昌"八字。以作为"皇权神授、正统合法"之信物。

世间人说世间事，可谓是世事难料，这块"楚山璞"，再次以传国玺出世后，又开始了它富有传奇色彩的经历。传说在公元前219年，秦始皇南巡行到洞庭湖上时，突然间天色大变，风浪骤起，始皇与大臣们所

传说秦始皇将传国玉玺抛入洞庭湖中，湖面瞬间恢复平静

乘的龙舟眼看将要被淹没。始皇帝伸手入怀，将这块传国玉玺抛掷于湖中，祀天神可以出来镇压风浪，果然，转瞬间洞庭湖湖面恢复平静，天色大亮，晴空万里，始皇借此玉得以平安。事过八年后，当他出行至华阴平舒道时，有一人持玉玺站在道中，对始皇侍从说："请将此玉玺还交给祖龙（秦始皇代称）。"话一说完马上不见踪影。传国玉玺又复归于秦国。

俗话说：得道多助，失道寡助。秦王朝的暴政导致了战乱，各地纷纷起义。秦末战乱，刘邦率兵最先入咸阳。秦亡国之君子婴携群臣跪于城门外将"天子玺"献给刘邦。后来刘邦建立了汉王朝，在登基时，佩此传国玉玺，号称"汉传国玺"，此后将此玉玺珍藏在长乐宫，成为皇权象征。西汉末外戚王莽篡权，皇帝刘婴年仅两岁，玉玺只得由孝元太后负责掌管。王莽命安阳侯王舜逼太后交出玉玺，遭太后怒斥。但太后自知如今王莽新立，臣民拥戴，既使自己抱着冰冷的玉玺也没有扭转大势的可能了，心灰意冷的太后突然将怀中的玉玺高高举起，猛地摔在地上，由于用力过大玉玺摔到地上时一角碰掉了，后来用金补上了这一角，但却从此留下瑕痕。

王莽像

王莽失败后，玉玺几经转手，最终落到汉光武帝刘秀手里，并传于东汉诸帝。东汉末，宦官作乱，汉灵帝仓皇出逃，情势所逼来不及带走玉玺，返宫后发现玉玺没了踪影。到汉献帝时，董卓作乱，孙坚率军攻入洛阳。一日，兵士发现在城南甄宫一井中有五彩云气，光彩照人，孙坚立刻命人下井探个究竟，兵士下井回报说："见一投井自尽之宫女，她的颈上系一锦囊，打开锦囊，发现所藏就是当年失踪的传国玉玺。"孙坚又惊又喜，将其视为吉祥之兆，认为自己受命于天，是当今天命

传国玉玺晶莹剔透

所归的天子，他将传国玉玺交于妻吴氏处所秘藏。不料孙坚军中有人将此事传给了袁绍，袁绍听后立即将孙坚之妻扣押，逼孙坚交出玉玺。袁绍兄弟败死，荆州刺史徐璆携玉玺到许昌，"传国玉玺"复归汉献帝。时曹操挟献帝而令诸侯，至此，传国玉玺得重归汉室。三国鼎立时，玉玺在魏，三国一统，玉玺归晋。西晋末年，北方朝代更替频繁，社会动荡不安，"传国玉玺"被不停地争来夺去。晋怀帝永嘉五年（311 年），玉玺归前赵刘聪。东晋咸和四年（329 年），后赵石勒灭前赵，得玉玺；后赵大将冉闵杀石鉴自立，复夺玉玺。在这一阶段还出现了几方私刻的玉玺，包括东晋朝廷自刻印、西燕慕容永刻玺和姚秦玉玺等。到南朝梁武帝时，降将侯景反叛，劫得传国玉玺。侯景败死，玉玺被投入栖霞寺井中，后经寺僧将玉玺捞出收存并献给陈武帝。隋唐时，"传国玉玺"仍为统治者至宝。五代朱温篡夺唐后，玉玺又节节遭厄运，后唐废帝李从珂被契丹击败，持玉玺登楼自焚，玉玺辗转于神州赤县凡两千余年至此下落不明。在中国历代帝王无不以得此玺为神旨，奉若奇珍，国之重器也。得之主象征"受命于天"，失之主则表现其"气数已尽"。凡登大位而无此玺者，则被

玉器是中华五千年文明的基石

玉石极其珍贵，价值连城

讥为"白版皇帝"，显得底气不足而为世人所轻蔑，由此可见中华民族尊玉的情节。可以说玉器是中华千年文明的基石，这是中国区别于世界上其他文明起源的一个重要特征。

（二） 经济功能

玉的经济价值是其他任何物品所不能相比的，它的经济价值世人皆知。古人有云："黄金有价玉无价，千金易得，美玉难求，藏金不如藏玉。"秦昭王曾以十五座城去换一块珍贵的和氏璧，真可谓是"价值连城"。玉石珍贵的原因有多种：首先是玉石非常稀少。玉石的形成条件是极其特殊复杂的，它们的形成时间距离我们非常遥远。玉大多来自地下几十公里深处的高温熔化的岩浆，这些高温的浆体从地下沿着裂缝涌到地球表面，冷却后成为坚硬的石头。在此过程中，只有某些元素缓慢地结晶成坚硬的玉石或宝石，而其中色泽纯正的珍品更是少之又少，难以得到。例如：翡翠、白玉、玛瑙和青金等。在古代，中国的采玉人骑着牦牛，翻山越岭到山上找寻玉石，靠着牲口的四蹄，把露头或半露头的玉石踏踩出来。有的玉石顺山水、冰川冲到下游，途中便被人捞走了。据史料记载，古时在新疆和田采玉，曾以女人裸体入水捞取。相传，古人认为玉为阳精，须用阴气相召，玉石才不致流失，否则难以得到美玉。后来，玉石越来越少，才开始凿山开矿，攻山采玉。采到一块好玉要花费大量的时间和精力，一块好玉来之不易。

大自然赋以玉石丰富色彩，使玉白如羊脂、红如鸡血、绿如碧海。加工成饰品的玉器，不褪色、不变质、坚固耐用，从古至今备受社会各阶层的推崇。更奇特的是有的玉石上有好几种颜色，俗称为"巧色"，虽然这类玉石质地不纯正，但经过玉匠精心

一块璞玉经过雕琢之后可以变得价值连城

巧琢，可化瑕疵为美点，惟妙惟肖，引人入胜，进一步增加了玉石的价值，升值空间非常大。所以选择珍藏玉石可以保值增富。

玉还有充当货币的作用，它不会贬值。玉器作为聚敛财富的手段、显示富贵的一种标志，在新石器时代已见端倪，如河姆渡文化、良渚文化。商代，古人就已经大量开始用玉作币，用玉来交换或作为贡品。西周时期，"玉璋价值八十朋"相当于当时十块田的价值。春秋时期，名贵的玉器价值连城，出现以玉熄战事、以玉求宽释、以玉得官爵、以白玉为币。宋代，开始有玉肆经营玉器。到明代以后，玉器商店更多。到清朝，玉器身价均

玉璧

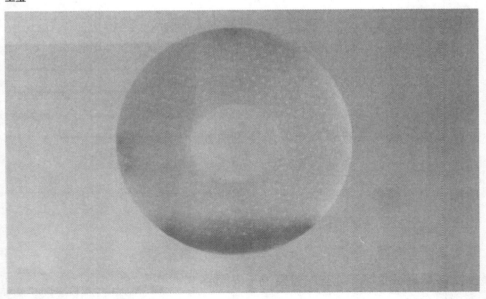

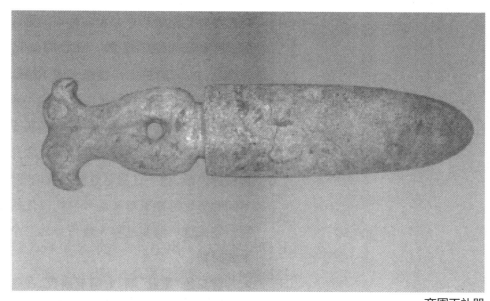

商周玉礼器

有升高，有"古铜旧玉无身价"之说。

（三）礼仪功能

中华民族有着悠久灿烂的文明史，中国自古讲究礼治，尊礼、重礼。玉以其固有的温润质地、丰富的色彩与通体的光泽经玉工细心琢磨成"器"，成为古代礼仪化玉饰品中最重要的佩饰。受贵族、豪商所推崇。"六器"是封建社会礼仪用玉的主干，即用六种不同形制的玉器作为祭祀、朝拜、交聘、军旅的礼仪活动的玉器，在《周礼大宗伯》中有记载："以玉作六器，以礼天地四方，以苍璧礼天，以黄琮礼地，以青圭礼东方，以赤璋礼南方，以白琥礼西方，以玄璜礼北方。"

文明的进步与社会的发展，阶级的分化以后，包含礼仪功能的玉饰用品无论是种类、形制还是内容也随之发展，最终在各种礼仪活动中形成各种不同的礼俗。不同场合和不同阶段，须佩带不同的玉饰品，并与服饰结合，慢慢形成了特殊玉饰，普遍地称为"礼仪化玉饰"。这一演变巧妙地将玉饰与服饰相结合，极其微妙地反映了中华古代冠服礼俗制度的独特精神内涵。这一过程是如何形成的呢？不同的历史时期玉器又是如何礼仪化的呢？完成这一演变过程大致可分为三个主要时期：

首先是"重冠"期：史前至商代。在这

玉饰与服饰搭配形成了"礼仪化玉饰"

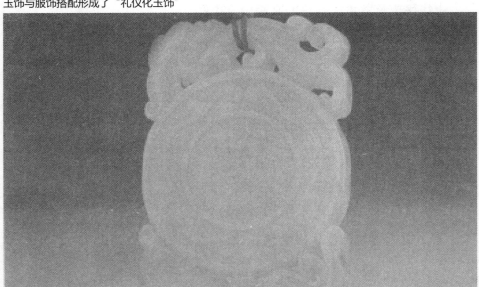

一漫长时期人类由原始社会进入文明社会，服饰观念的具体化，是文明的主要特征之一。当阶级分化的社会形成以后，人们用"服饰"区分阶级的身份，玉器由于它本身的质地、色泽成为礼仪装饰品中最重要的组成部分，它配合服饰，成为彰显权位的主要特征。新石器时期还出土了大量含有礼仪性象征意义的玉器，其中"玉冠饰"是最引人注目的，这就是中国最初的皇冠。

玉冠饰

其次是"重佩"期：周至汉代。周代礼制，在《春秋》《左传》《周礼》等史料中都有记载，周公制礼作乐，施行宗法制度的结果，使周代社会阶级次序井然，并与礼仪服饰制度相互结合，贵族们按等级成组佩玉饰，形成严格的制度。周朝稳固的"礼"制影响深远。战国早期人们由上半部悬挂佩饰，逐渐移至腰间悬挂，有挂于中央的，亦有挂于腰间两侧的位置。

最后是"重带"期：唐至明代。大汉王国的瓦解，胡人南下，至南北朝，结束了中国上古的礼仪制度。但是玉器与服饰形成的礼仪化服饰，却仍保持一脉相承的礼仪本质，依附于官服体系。例如"朝服"，玉器的礼仪功能已转向腰间，以"玉

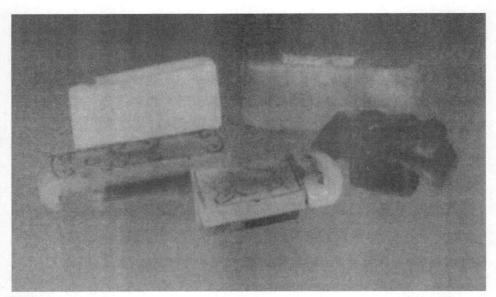

清代玉文带

带饰"的形式，扮演着传统象征意义的礼仪化功能。玉带上玉的件数有一定的等级规定，最高的等级，只能使用"十三"带銙的玉带。在《舆服志》中曾记载唐代名将李靖，因战功彪炳，由皇帝破例赏赐"七方六圆"和阗玉带的记载。玉带组合的基本形制，玉版分方、圆两种，只限于皇帝、太子等特定的阶级，或者是经皇帝赏赐才可以使用。天子的常服，仍只用九环带，由此可见"玉带"象征阶级品位的意义。辽宋金元，玉带制度仍继续沿袭，公服系统所服腰带，成为区别官职的重要标志。到了明代"玉带"为尊贵品位的象征，与"龙袍"代表的象征意义等同。

纵观玉器的历史发展，可见玉器在不同历史时期都以它不同的面貌向世人述说中国的礼仪之道。

（四）宗教功能

在中国悠久的千年历史上，玉文化与宗教一直以来都保持着某种古老神秘的牵联。自从远古时代玉被人从石头中剥离出以后，它就被众人认为是一种特殊的物质，古代一些人固执地认为：蕴藏在山川中的玉是山川中的精灵，是山神的灵物，玉是神秘化的超越自然的神的载体，因此它逐渐成为人们崇拜、祭祀的对象，人们寄希望于玉，祈望获得精灵的保佑，祛除灾难。

古人认为玉是山川的精灵

原始人对自然界的认识有限，认为世界万物兴衰都源自于神秘的力量，巫术正是靠虚无的超自然的力量，通过夸张的行为或器物召唤神秘的力量，来达到某种目的或实现预想的效果。巫师被认为具有沟通神灵的能力，是天、地、人、神的中介。然而，仅仅具备这种能力还是不够的，他还要借助于手中的法器或礼器，才能达到与神的沟通。人们选择用具有灵性的玉器制成了玉戚、玉璧、玉

良渚文化玉琮

良渚文化玉器

琮等。例如：在良渚文化发现的玉琮，它的样子为外方内圆，这是因为古代人认为天空是圆的，大地是方的，这是中国古代宇宙观通天行为的理想的象征物，是氏族社会图腾制度的产物，是纯巫术与宗教的神器，从孔中穿过的棍子就是天地柱。

在长期的祭祀神灵过程中，大家推选智慧出众、擅长歌舞并能与精灵沟通的人作主祭，这个人就是巫。在新石器时代晚期，玉和巫之间产生了紧密的联系，玉被赋予可以使人与天对话的神秘的力量，在原始宗教礼仪中具有极其重要的作用，玉通常作为巫师手中的法器或祭祀的礼器，谓之"藏礼于玉"。这也从另一方面体现了玉的深层次的文化内涵。母系氏族社会，巫一般是由女巫捧玉，载歌载舞以事精灵（神），将神的旨意传达给人们。

此外每遇重要事件时身兼神职和军事统领于一身的部落首领，都会在氏族部落成员出征前后，为了得到或者感谢神祖的保佑和庇护，持干戚而舞，以歌舞降神。在《楚辞·九歌》记载："灵，巫也，楚人名巫为灵。"《说文》："灵，巫也，以玉事神，从玉。"这充分说明了在古人的心目中玉和巫之间密不可分的关

洛阳白马寺

系。《周礼·春官·大宗伯》："以玉作六器，以礼天地四方。以苍璧礼天，以黄琮礼地，以黄圭礼东方，以赤璋礼南方，以白琥礼西方，以玄璜礼北方。"

东汉时期，佛教传入了中国，汉明帝在洛阳建立了第一座佛教寺院，这就是今天的白马寺。南北朝后，佛教与中国传统文化已水乳交融，密不可分，最显著特征

玉观音像

表现在以玉造像。这种观念在印度佛教中是不存在的。

在北魏到唐代四百多年，大兴用玉制造观音像和佛像之风。这些玉像被人们认为是神圣的护身与安定之物，无论是皇亲国戚，还是黎民百姓，人人皆推崇信奉。玉与宗教的关系代代传承，直到今天我们从中国人佩戴玉饰作为护身符这一偏好中还可以看到这一点。用玉雕成的观音菩萨或佛像，穿在一根同样被认为能够驱邪消灾的红绳上，挂在脖颈，从此人和玉便肌肤相亲，朝夕相伴。

在佛教影响下，中国道家主张"食玉"以轻身成仙，一种说法是服食玉屑。一些地方有人死后殓玉以保全尸体不腐的习俗。殓玉是古代专为保存尸体而制作的殓葬玉器，即所谓"金玉在九窍，则死人为这不朽"。古人认为玉可以帮助先人荣登西方极乐世界。其中较有代表性的是汉武帝之子广陵王古墓的金缕玉衣。

相信通过玉的神灵能够为人们避邪、护身、消灾，同时带来平安、福气、好运、财运和幸福。在华夏大地上玉在历史上各个时期都是一部色彩斑斓的大剧，它有影有形、有声有色。玉文化从古至今流传上千年，至今魅力不减，在中华文明史上形成了经久不衰的玉文化传统。

三、玉的种类及中国名玉

玉被冠以"石中之王"的美誉

（一）玉的分类

玉有软玉、硬玉之分。软玉一般指产于我国新疆一带的白玉、青玉、碧玉和东北岫玉等；硬玉是指产于缅甸的翡翠。无论是软玉、硬玉，它们的质地都非常坚硬，颜色十分璀璨，故冠以"石中之王"的美誉。一块极品玉石价值本已不菲，如再经过巧匠的加工雕琢，就会变成一件价值连城的宝物。

（二）中国名玉

我国古代玉矿蕴藏丰富，产地诸多，仅在先秦的《山海经》中提到的产玉地就多达一二百处之多，是世界上重要的产玉国。"中国玉"大体分为两种：一种是由极细小的纤维状角闪石所组成的"角闪石玉",称"软玉"。中国历史悠久,从古至今保留下大批精美的玉器,这些玉器主要是由软玉制成。从宝石学角度看,它们都有很高的经济价值;从历史角度看,它们则具有很高历史文物价值。古软玉在我国被称为传统玉石,被尊为中国玉;另一种则是由极细粒碱性辉石所组成的"辉石玉",称"硬玉"(翡翠),它是玉中精品。

软玉

在中国四大名玉中,新疆和田玉、河南独山玉和辽宁的岫岩玉都是软玉。现按玉质的软、硬简单介绍主要玉产地和质地概况:

从矿物学的角度来看,软玉并不是矿物的名称,它是指闪石类中某些(如透闪石、阳起石等系列矿物)具有宝石价值的硅酸盐矿物。软玉是由闪石类矿物组成的集合体。细小的闪石矿物晶体捆状交织在一起构成毡状的集合体,质地细腻,韧性好。由于矿物中所含的微量元素不同,使得软玉有众多品种,颜色也有很多,一般都具有油脂光泽。

中国是软玉的著名产出国之一,软玉主要分布于新疆的昆仑山、天山和阿尔金

明代和田玉童子

山地区。其中以新疆和田地区产的软玉最为有名。

和阗玉（和田玉），因出产于新疆和阗而得名。在巍巍昆仑山南麓，有一座古老而美丽的城市——和田。和田，古时称阗。早在公元前2世纪就有文献记载，它是著明的玉邑、绢都，汉唐时期成为丝绸之路西域南道上的重要地域。

和田玉产生的时间距离我们非常的久远，它产生于前寒武纪华力西时期（距今大约有五亿年）。它是中酸性岩浆侵入镁质大理岩和白云石大理岩的接触次交代形成的产物。在第四纪喜马拉雅造山运动中（距今大约四千万年），昆仑山隆起，成矿带被抬升至海拔4200—5000米的雪线高度。和田玉分为山产和水产两种。水产的称为子玉，山产的称为宝盖玉。它的玉质，不透不干、有韧性、有油性，磨制后如同婴儿肌肤一样光滑，有弹性。

和田玉的经济价值评定主要依据是颜色与质地纯净度。其主要品种如下：

白玉：含透闪石95％以上，颜色洁白，质地纯透、细腻、光泽温润，是和田玉中的上层品种。在汉代、宋代、清代几个制玉繁

羊脂玉是和田玉中最名贵的品种

荣期，都备受重视，优质白玉常被精雕细刻为"重器"。

羊脂白玉：质地纯洁细腻，含透闪石达99%，色似羊脂雪白，质似羊膏温润，是和田玉中最名贵的品种，久享盛誉，是阗玉中之精品。但是这种软玉，比较少见，正所谓"玉以少贵，石以多贱"。同等重量的这种玉材，其经济价值几倍于白玉。汉代、宋代和清乾隆时期极其推崇羊脂白玉。

青白玉：质地与白玉无显著差别，人们将灰白色的青玉称为青白玉。如果碧玉呈绿或暗绿色，有时略见黑色小点，这是由于玉

黄玉龙

质含杂质如铬尖晶石矿物等所致。当含杂质多而呈黑色时，即为珍贵的墨玉。墨玉呈蜡状光泽，因颜色不均不宜雕琢纹饰，多用以制成镶嵌金银丝的器皿，其经济价值略次于白玉。

青玉：色呈淡青、青绿、灰白的玉均称青玉，其颜色匀净、质地细腻，含透闪石89%、阳起石6%，呈油脂状光泽，储量丰富，是历代制玉采集或开采的主要品种。

黄玉：基质为白玉，因长期受地表水中氧化铁渗滤在缝隙中形成黄色调。根据色度变化定名为：密蜡黄、栗色黄、秋葵黄、黄花黄、鸡蛋黄等。色度浓重的密蜡黄、栗色黄极罕见，其经济价值可抵羊脂白玉。在清代，由于黄玉为"皇"谐音，又极稀少，一度经济价值超过羊脂白玉。

糖玉：青玉中有的玉有糖水状黄色皮壳，现有人称其为"糖玉"。这是由于氧化铁渗入透闪石形成深浅不同的红色皮壳。深红色、虎皮色的称为"虎皮玉"，白色略带粉红的称"粉玉"。糖玉常与白玉或素玉构成双色玉料，可制作"俏色玉器"。以糖玉皮壳籽料掏腔制成鼻烟壶，称"金裹银"，亦能增值。

碧玉：产于准噶尔玉矿，又称天山碧玉。呈灰绿、深绿、墨绿色，以颜色纯正的墨绿色为上品。夹有黑斑、黑点或玉筋的质量差一档。碧玉含透闪石85%以上，质地细腻，半透明，呈油脂光泽，为中档玉石。

古时候人们对和田玉的玉料不称"料"，而称"肉"。至今行里许多老玉人还普遍流传着这样一种说法："和田玉是长出来的。"与地造矿物相比，这种说法不得不令人感动。人们给了它生命，赋予了它灵魂，从此他轮回于尘世，与他的主人系在一起，共荣共辱。斗转星移，当历史的尘埃被层层拂去，虽然他的故事已成为一些残破的往事，但过程惊心动魄，许多片断让人至今难以忘记，刻骨

碧玉瓜楞壶

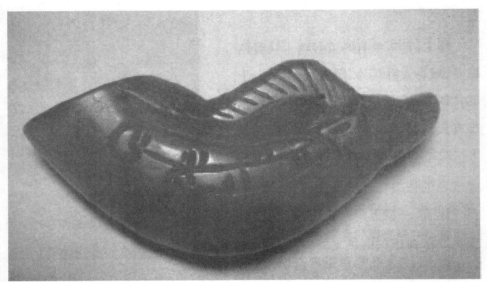

岫玉牛首摆件

铭心。

岫岩玉，又称岫玉，因产于"中国玉乡"辽宁省鞍山市岫岩满族自治县而得名，是闻名于世的国宝珍品。广义上的岫玉可以分为两大类，一类是老玉（俗称黄白老玉），老玉中的籽料称作河磨玉，属于透闪石玉，其质地细腻、凝重，色泽略微有点淡黄偏白，是一种珍贵的璞玉。懂一点玉知识的人都明白这样一个道理：籽料没有千万年的时间是无法形成的。它的特点在于玉身的部分或全部都由玉经土浸风化等原因而形成的石状物包裹。从表面看这种玉与普通的石头差不多，但它的玉质是同类玉中质地最为细腻和温润

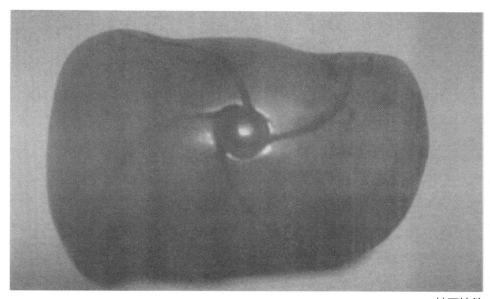

的。俗话说："鲜花还需绿叶配"，大自然的鬼斧神工使这种玉外层石皮的形成恰好成了内部玉质的最好搭配，经玉工精心雕刻后的工艺品更是精妙绝伦，说它是稀世之宝一点也不为过；另一类是软玉，即岫岩碧玉（亦称瓦沟玉），属蛇纹石类矿石，其质地坚实而温润，细腻而圆融，多呈绿色至湖水绿，其中以深绿、纯白、金黄，通透少瑕为珍品。《天工开物》记载："朝鲜西北太尉山千年璞，中藏羊脂玉，与葱岭美者无殊异"指的就是岫岩玉。是我国玉雕工艺品的主要原料，岫岩瓦沟玉矿是我国目前最大的玉石产地，位于岫岩县城西北 40 公里处，产区范围长达

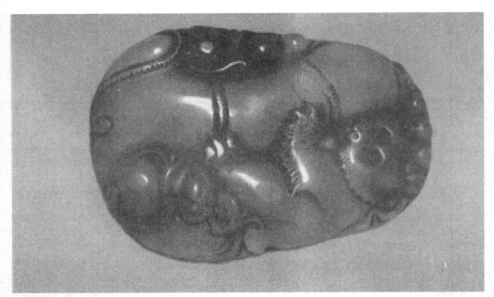

岫玉熊猫吃竹纹挂件

50公里。全矿区共发现蛇纹石玉矿76个，分属于11个蛇纹石化带，总储量为1.76万带。

由于岫玉大多以绿色的居多，民间传说"岫玉吸千万年的天地之精华、自然界之灵气形成"，故被认为在风水上有重大价值。玉生于地脉之下，在千万年的形成过程中吸收了天地之精华、自然界之灵气而成形，其本身就具有灵性。在岫玉中又大多以绿色的居多，使得它在风水上得到了格外的关注。民间传说："对于命理五行喜木的人来说，有岫玉在身边会给本人带来好运。"可能是出自这个原因，自古至今中国人对它备加推崇。如：在距今4000—5000年的新石器时期红山文化中的"玉猪龙"，内蒙古翁牛特旗三星他拉村的"玉钩龙"，被称为"中华第一玉龙"。原始社会"勾云形器"、夏商周时期的"鸟兽纹玉觥""玉跪人"，西汉靖王刘胜的"金缕玉衣"、战国时期的"兽形玉"、秦汉时期的"玉辟邪"、东晋时期的"龙头龟钮玉印"、南北朝时期的"兽形玉镇"、唐宋时期的"兽首形玉杯"、元代的"玉贯耳盖瓶"、明代的"龙头玉杯"和清朝的"哪吒玉仙"均为岫玉的代表。相传清朝皇太极刻有"皇帝奉天之玉"的传国玉玺、乾隆皇帝刻有"国朝传宝记"的玉玺，这些珍贵文物均是用岫玉雕制而成。

玉跪人是夏商周时期岫玉的代表作

岫岩玉发现于远古，经历朝历代血雨腥风及人世间悲欢离合流传又兴盛于当今太平之世，让我们不得不惊叹它强大的生命力，岫岩玉真可堪称为世之瑰宝，万古奇珍。

　　独山玉是中国玉文化得以发扬光大的又一个中流砥柱，中国"丝绸之路"开通之后，独山玉的"民玉"身份凸显，为弘扬、传承中国文化发挥了不可忽视的作用。在河南南阳市北郊有一座小孤山，著名的独山玉就产在那里。它又称"南阳玉"。北魏郦道元《水经注》载："南阳有豫山，山山出碧玉。"南朝陶弘景说："好玉，出蓝田及南阳。"可与翡翠相媲美，素有"南阳翡翠"的美誉，在世

独山玉素有"南阳翡翠"的美誉

独山玉色彩斑驳陆离，常常是由两种以上颜色组成的多彩玉

界范围内非常稀少，只有中国才有这种玉。独山玉质地坚韧致密，温润光洁，色彩斑斓陆离，常常是由两种以上的颜色组成的多彩玉，颜色艳丽多彩，它的品种主要有：白玉、绿玉、绿白玉、紫玉、黄玉和芙蓉红玉，六大类上百种之多。它的多彩性是其他任何玉种所无法企及的。色彩的丰富造就了它独特的魅力，玉工们利用各部位色彩的不同，精心雕琢，所雕器物的俏丽与其他玉相比更胜一筹。提到南阳的玉雕业，就不能不提到举世闻名的元代"渎山大玉海"。

"渎山大玉海"，又名"大玉瓮""酒海"，可储酒三十余石，由一块完整的黑质白章大玉石精雕细琢而成。这件玉雕形体巨大，气度不凡，口径182厘米，宽135厘米，腹深55厘米，重6500千克，口呈椭圆形。相传当年元世祖忽必烈令皇家玉工制成，借它来反映元初国家版图之辽阔，国力鼎盛。此玉雕全身雕刻波涛汹涌的大海，声势庞大，气势磅礴，凸现了忽必烈要统一中国的雄心壮志。在海涛之中，又有龙、猪、马、鹿、犀牛、螺等神异化动物在欢快地嬉水，海龙下身隐于水中，上身探出水面，张牙舞爪，戏弄面前祥云托承的明珠。猪、马、犀牛、鹿等动

渎山大玉海由一块完整的黑质白章大玉石精雕细琢而成

物遍体生鳞，好似传说中龙宫里的兽形神怪和虾兵蟹将。更难能可贵的是，该器不仅形体巨大，气度不凡，而且雕工极精，利用玉色的黑白变化来勾勒波浪的起伏，表现动物的眉目花斑，可谓匠心独运，技艺高超。更为独特珍贵的是，在它的腹内刻有清代乾隆皇帝的御诗三首及序文，概括了这件巨型酒器的形状、花纹和来历。序文说："玉有白章，随其形刻鱼兽出没于波涛之状，大可贮酒三十余石，盖金元旧物也。曾置万岁山广寒殿内，后在西华门外真武庙中，道人作菜瓮……命以千金易之，仍置承光殿中。"大意是说：在元代的时候，玉海被放置在北海

渎山大玉海上的雕龙

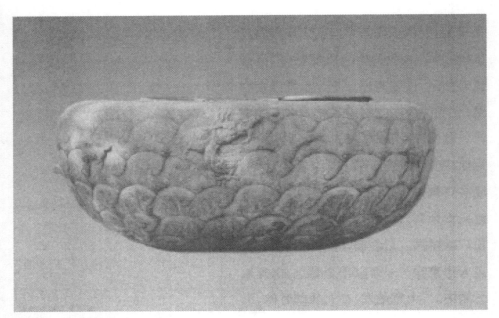

北京法源寺内发现的渎山大玉海原配底座

琼岛顶上的广寒殿，历经战乱洗礼，到清代遗落在西华门外真武庙中，道士把它用作做菜用的瓮，乾隆帝得知这件事后，用重金将其买回珍藏，在团城承光殿前专建玉瓮亭。乾隆非常喜欢这件玉雕，曾赐诗三首，由玉工精工镌刻于膛内，前后四次对玉瓮进行修饰。此外还有一件值得庆幸的意外收获是在北京法源寺内发现的一件与元代玉瓮的玉质、玉色、雕刻风格等均浑然一体的原配底座，至此这件惊世之作得以完整展现在世人面前。独山玉以其独有的魅力，犹如华夏文明百花园中的一朵艳丽的奇葩，芳香四溢，我们惊叹大自然神奇的同时，也为采玉人的精神和玉匠的工艺所感动，正是他们代代相传，使华夏千年文明之声享誉海内外。

蓝田玉，产于今陕西蓝田，主要在秦岭。产于秦岭群顶部一层变质较深的黑云母角闪片麻岩中，成夹层产出，长达数公里，现有矿点二十多处。蓝田玉历史悠久，是我们目前最常见到的一种玉。秦始皇的传国玉玺就是由蓝田玉制成。蓝田玉使用悠久，在许多历史文献中都有描述，最初见于《汉书·地理志》，美玉产自"京北（今西安北）蓝田山"；《后汉书·郡国志》《西都赋》和《西京赋》

逼真的蓝田玉白菜

玉镯

都赞美说蓝田出美玉。唐代诗人李商隐在《锦瑟》更有"沧海月明珠有泪,蓝田日暖玉生烟"的佳句流传至今。

在这里还有一段动人的传说:蓝田在得名之前,只不过是终南山古驿道上的一个小山庄。庄上住着一个叫杨伯雍的穷书生,他心地善良,勤奋好学。他见有一些旅客长途跋涉经过山庄时,缺歇脚喝水的地方,于是,自己搭了一个蓬草凉亭,为过往客人提供茶水。这一天,一个老汉身背碎石,可能是劳累过度,栽倒在凉亭前。杨伯雍赶紧跑过去把老人搀扶起来,老人慢慢地睁开眼睛。杨伯雍问寒问暖,想留老人多歇一会儿却被老

人谢绝了，并将之前背在身上的一斗碎石送给了他，对他说："别小看这些碎石头，种在地里就会生出玉石，还能娶一个好媳妇。"不等杨伯雍答谢，老人便消失了。

　　杨伯雍依照老人的嘱咐去做，地里真的生出一斗玉石，他用这些玉石做聘礼，娶了一位善良贤慧的姑娘。但是这地方山多地少，遇到干旱，粮食减产，农民忍饥挨饿，苦不堪言。善良的杨伯雍和妻子一商量，便把自家的玉石分发给百姓，让其用玉换粮，以度灾年。于是山庄产宝玉的消息很快传开了。一时官匪勾结，把地里的玉石一劫而空，杨伯雍一家和村民的生活也成了问题。

玉印章

杨伯雍哪里知道当日救过的那位老人是天上的太白金星，他的善良和勤奋好学感动了太白金星，于是下人间来帮助他。当他得知地里玉石被官匪掠走后，便托梦给杨伯雍说："晴天日出入南山，轻烟飘处藏玉颜。"从那以后，只有知情人才在深山觅得宝石。官匪采得的未长成玉的蓝色石不过是一种次等玉。

　　历代皇室及贵族阶级偏爱蓝田玉，视它为珍宝，秦始皇就曾用蓝田玉做玉玺，四大美人之一的杨贵妃的玉带就是用蓝田玉雕刻而成。在古代人们常借蓝田玉来比喻美好的爱情。

三足玉蟾

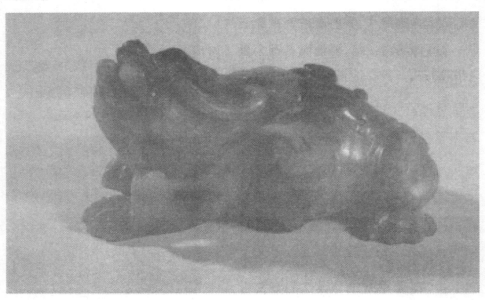

传说，在曹州牡丹乡的万花村，有许多以养花谋生的人家。在村南有个小花园，住着一个名叫春宝的年轻人，从小父母双亡，与爷爷相依为命，生活非常艰苦。懂事的小春宝聪慧伶俐，人见人爱。长大后，他努力种花，希望可以让爷爷过上好日子，不幸的是爷爷却突然撒手而去。春宝伤心欲绝，每到下雨就吹爷爷平日用过的竹笛寄托自己的思念。

古时，人们常借蓝田玉比喻美好的爱情

这一天，春宝吃过晚饭后，天下起了小雨，望着门外那烟雨蒙蒙的夜色，春宝吹着笛子，想起了往日和爷爷开心的时光，顿感心如刀割。正在这时，一个姑娘从外面跑来，春宝刚想开口，那个姑娘红着脸说：小哥借你这地方让我在这儿避避雨好吗？春宝一时不知所措。心中暗想，外面雨这么大，一个姑娘找到我了，不能不答应，可要是留下她，房子这么小又不太方便。姑娘看出了他很为难就说："小哥你别急，我再去其他家问问。"转身就要出门。

春宝一时心急拦住了姑娘，说道："姑娘请留步！姑娘如果不嫌弃这里简陋，就留下避雨吧。"他心里想，天都已经黑了，如果姑娘独自一人真的出了事儿，那自已就太

蓝田玉雕

对不起这位姑娘了，姑娘面带羞色连连道谢。

春宝见姑娘浑身都湿透了，请她进屋暖和。自已拿起挂在墙上的蓑衣出了门，在门外呆了一夜。天晴了，雨也停了。姑娘打开门，见春宝披着蓑衣蹲在门外，心中愧疚不安，非常感动，说道："小哥的恩情我来日一定回报。"

一日，当春宝吹笛时，隐约听到有个姑娘说话："春宝哥，你的竹笛吹得真好啊！"春宝一愣，原来是那天晚上来避雨的那个姑娘。"是你！"姑娘笑了笑，说道："我在这站了很久了，看你吹笛入了神，没敢打搅你。"姑娘从手中的篮子里取出香喷喷的饭菜，又拿出一双崭新的布鞋。春宝不知说什么好，从爷爷去世以后，再没有人这么关心他了。

再次见面，二人仿佛老朋友似的。日子久了两人都流露出爱慕之心。姑娘临走时说："我家在村南篱笆园，姓蓝。明日你来我家好吗？对上这只簪，咱们就结成夫妻。"说罢，从头上拔下一只玉簪，递给春宝。

次日早晨春宝回想起姑娘说的话，突然好像想到了什么，忙向园中的牡丹花丛走去。见株株牡丹上都有露珠，唯独有一株品种名为蓝田玉的牡丹，浑身干松松的。春宝立刻

想到姑娘姓蓝，他猜想到，这蓝姑娘一定就是牡丹仙子。转念一想：对呀！蓝姑娘在我屋里呆了一整夜，自然没有露水。拨开花蕊发现少了一根。他拿出姑娘给他的玉簪往上一对，那棵牡丹瞬间变成了昨夜的蓝姑娘，春宝激动得热泪盈眶，嘴里念着："蓝姑娘！蓝田玉，我可找到你了！"从此，他二人结为夫妻，过着美满幸福的日子。

传说，当年李隆基是以蓝田玉作定情之物送给杨玉环的，由于它的纹理结构像冰块撕裂一样，所以后来人们用杨玉环的小名芙蓉来命名，也叫"冰花芙蓉玉"。人们借蓝

金鱼献瑞玉雕

蓝田玉是一种养颜玉

田玉来比喻至死不渝的美好爱情。

经物理化验表明，蓝田玉中含有对人体有益的钙、铁、钾、钠、锰、铜等多种微量元素。它形成于泉水眼部分，由于经常受温泉水冲涮，所以可溶性的矿物质非常多，用它泡水洗脸，对皮肤有很好的保养功效，可以杀菌消炎、美白肌肤，它是唯一的一种养颜玉。此外，蓝田玉对人体还有舒筋活血的功效，因此，蓝田玉被公认为保健玉。经常佩带玉器能使玉石中含有的微量元素透过皮肤进入人体内，从而能平衡阴阳气血，使人祛病保健益寿。

硬玉，我国古代称翡翠。名称来源于一种生活在南方名叫翡翠的鸟。这种鸟毛色鲜亮，十分好看。通常有蓝、绿、红、棕等颜色。但总体来说，这种鸟，雄的是红色，称它为"翡"，雌的为绿色，称它为"翠"。唐代诗人陈子昂《感遇》诗中："翡翠，巢南海，雌雄珠树"说的就是它。清代，翡翠鸟的羽毛作为饰品进入宫廷，其中绿色的翠羽深受后宫贵妃喜爱。她们用它装饰发冠，将羽毛贴镶拼嵌在首饰上，所以制成的首饰名称带有翠字，如钿翠、珠翠等等。这时正逢大量的缅甸玉进贡，这种玉具有隐隐约约的水晶

翡翠鸟

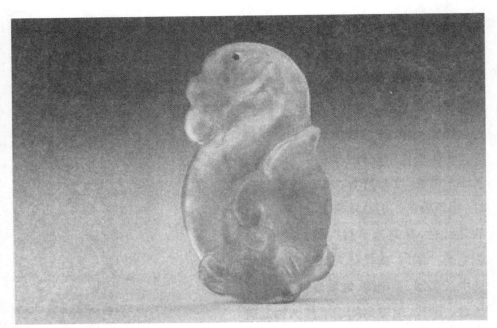

翡翠具有隐隐约约的水晶感，清澈晶莹

感、朦朦胧胧的玻璃光，清澈晶莹、浓而不艳，因而很快受到后宫妃嫔的宠爱。由于其颜色也多为绿色、红色，且与翡翠鸟的羽毛色非常相似，因而称这些来自缅甸的玉为翡翠。渐渐地这一名称在民间普遍流传开了，从此，翡翠便成了这种玉石的名称。

这种玉目前在中国只有云南省西部与缅甸交界处有少量出产。硬玉的开发较晚，大量使用是18世纪晚期开始，纪晓岚在《阅微草堂笔记》中写道："云南翡翠玉，当时不以玉视之。"它是辉石类，主要成分是硅酸钠和硅酸铝，半透明至微透明，颜色有绿、黄、白、

紫等。翡翠形成的地质条件极其严格，必须要在高压低温的地质环境中，此外它的围岩———超基性岩也很少见。除以上两个条件外，还须有微量铬离子———色素离子在一定的温度范围内，再加上漫长的时间不间断地进入硬玉晶格，才有可能形成一般的绿硬玉，因此一块特级翡翠是很难得的，自古就很名贵。制造玉器以方牌、手镯、项链等为主。

中国产硬玉稀少，因其质地坚硬、清澈晶莹而备受皇家珍视。在珍品中以清代的翠竹盆景最具特色。中国人爱竹，用竹象征正直的人格。郑板桥《板桥全集》中写道："虚

翡翠方牌

清代翠竹盆景

心竹有低头叶，傲骨梅无仰面花。"玉工们借玉石的优雅表现竹的气节，清代养心殿的玉匠用纯色的翡翠精雕出竹节模仿绿竹，并巧妙地将"玉作"和"罍丝作"结合使用，用罍丝作制作铜鉴花镀金盆，用玉作翠竹，地面以玉模仿乱草作装饰物。这一搭配与整体相映生辉，使竹石有了灵魂。一眼看去，疏朗有致、高矮般配、栩栩如生、清雅脱俗。

四、中国玉器的孕期——新石器时代

良渚文化玉器

中国玉器有着近千年的悠久历史。早在七千年前南方河姆渡文化的先民们在选石制器过程中就有意识地把拣来的一些美石加工成装饰品，打扮自己，装饰生活，这一举动拉开了中国玉文化的序幕，一部精彩的玉史大剧从此在华夏大地上演。在距今四五千年前的新石器时代中晚期，辽河流域、黄河上下、长江南北都闪耀着中国玉文化的曙光，这其中以太湖流域良渚文化、辽河流域红山文化的出土玉器最为出彩。

（一）良渚文化中的玉器

良渚文化是我国长江下游太湖流域一支重要的古文明，因发现于浙江余杭良渚镇而

得名。距今约 5250 至 4150 年，20 世纪
30 年代中期首次被发现，在半个多世纪的
考古调查和发掘中，初步查明遗址分布于
太湖地区。在余杭市良渚、安溪、瓶窑三
个镇地域内，以莫角山遗址为核心的五十
余处良渚文化遗址，有村落、墓地、祭坛
等各种遗存。

良渚文化玉器

　　良渚文化玉器非常发达，良渚文化是
对马家浜文化、崧泽文化的继承，与东北
的红山文化使新石器时代晚期玉文化发展
到最高峰，以制作纹饰精美和细微繁缛玉
器而闻名于世。良渚玉器气势宏大，讲求
对称协调，给人一种神圣肃穆的感觉，雕
刻手法以阴线刻为主，配合浅浮雕，已出
现半圆雕、圆雕、镂孔等高难度手法，饰
纹开始采用主体纹、地纹和装饰纹三位一
体，即所谓的"三层花"，第一层用阴线
刻出云纹、直线、涡纹等为底纹，然后用
浅浮雕的手法表现轮廓，最后再以阴线刻
在凸面上表现细部。

　　良渚时期玉器的雕刻技艺高超，在出
土的玉雕上可以看到三种不同形式的工
艺。第一为直接式，也是最常见的一种，
即把玉坯直接用"软玉法"处理，使得玉

良渚文化玉器

坯表面软化，然后雕刻纹饰。第二种是全遮盖式，在雕刻之前首先把玉器表面用保护层覆盖起来，雕刻图案后再使用"软玉法"处理，一定时间后取出清洗，把线槽内白色软化玉清除掉，即成有软化图案的线条。第三种是半遮盖式，这是一种减地法浅浮雕，在良渚文化后期玉器中有出现。玉器纹饰中阴线部位有笔画抖手小弯曲痕迹，一看就像画上去的，这是运用保护层遮盖"软玉法"所致，各槽沟深度基本一样深浅，纹饰下面很整齐，如同现代机器加工出来的。以上三种工艺方法也可交替使用，这样做使所雕玉器不但可除掉软化层的白色，还能保持玉身晶莹透亮，软玉技术的刻玉技法的应用，成就了良渚玉器时代的辉煌。

良渚文化玉器创造性的器型，为后代玉器的造型奠定了基础。良渚玉器所用的玉料种类很多，主要是软玉，另外还有萤石、叶腊石、石髓、绿松石等美石。玉器的主要种类有玉璧、玉琮、璜、镯、管、珠、坠、锥形饰、冠形饰、柱形饰、柄形饰、牌饰及龟、鸟、蝉、鱼等动物玉器，著名的有三叉形冠饰、玉铖和玉琮。全部玉器

三叉形冠饰

玉琮王

中，以玉琮最具代表性。它的出现标志着中国古代部分玉器开始慢慢脱离现在生活，开始由日常物品走向神坛法器，玉被赋予了灵魂，为其蒙上了神秘的面纱。

目前出土最大的一件琮高 8.8 厘米，射径 17.1—17.6 厘米，孔径 4.9 厘米，重达 4.5 公斤。上面雕刻圆目兽面纹，工艺精湛，是中国古代玉器中的珍品，被誉为"玉琮王"，它也是良渚文化玉器的瑰宝。东汉许慎在《说文解字》中注："琮，瑞玉，大八寸，似车。"这是对琮的最早定名。《白虎通·文质篇》："圆中牙身方外曰琮。" 根据《周礼》记载，"以苍璧礼天，以黄琮礼地"。琮是一种用来祭祀地神的礼器。此外还用于陪葬《周礼·典瑞》："驵圭璋璧琮琥璜之渠眉，疏璧琮以敛尸。"

"玉琮王"呈浅黄和白色，上有规则紫红色瑕斑。外状是偏矮的方柱体，内圆外方，上下端为圆面的径，中有对钻圆孔，从上往下看和玉璧有些像。这种造型来源于早期人们认为"天是圆的地是方的"。玉匠们用方象征着地，圆象征着天，琮具有方圆，正是象征天地的贯穿。玉琮是良渚先民所用的宗教法器。在当时，每逢丰收或祭日时，人们要举行隆重的祭祀典礼，良渚先民就用它来与天地神灵沟通。琮体四面中间由约 5 厘米宽的直槽一分为二，由横槽分为四节。在四面直槽内上下各刻一个兽面人身像，共八个。每个兽面人身像高约 3 厘米，宽约 4 厘米。这件大玉琮形体宽实硕大，纹饰独特精湛，是良渚文化玉器中的佳作。

玉冠形饰据推测可能是巫师作法时的饰品，在良渚文化玉器中有多种造型独特的冠饰，其中以浙江余杭反山和瑶山出土的十一件三叉形玉冠饰最为有名。瑶山三叉形冠饰为青白色软玉质，高 5.2 厘米、宽 7.4 厘米、厚 1.3 厘米，呈半圆弧形。上端分为三叉、刻以羽翎纹，下端呈圆弧，正面微

良渚文化玉琮

弧凸，背面三叉的上端和下端下中部均有凸块，凸块上均有上下贯通的小圆孔。正面正中用阴线细刻兽面纹，兽面威严，两眼圆鼓、扁平蒜头鼻，让人望而生畏。及蹲踞的下肢，兽面上方刻冠顶外缘。两边叉上端用阴线刻一对神鸟，背面四个凸块上也用阴线刻出两只圆眼和卷云纹等细密纹饰。刻纹纤细，肉眼难以辨认。出土于死者头部附近，出土时中叉的上方紧连一根长玉管，往往还有成组的 3-13 件玉锥形器，同三叉形冠饰相邻或叠压。因此，三叉形冠饰、长玉管和呈集束状的锥形器，是配套组装成整件使用的。据专家们的推测，三叉形冠饰可能是中国皇冠的

兽面纹玉三叉形冠饰

良渚文化神兽面纹玉管

雏形，因为三叉形冠饰及其配件，与今天汉字中的"皇"字相像。皇的本义为冕，也就是冕的象形，上部像插嵌五彩羽毛的冠饰，下部为冠架，后来简化的皇冠图形也是在圆形帽上面画三支带宝珠的尖叉。传说远古时，虞氏部落首领就是戴着彩羽的冠冕举行隆重祭典的。后来，这种有精美玉构件和彩羽合制而成的冠冕被称为"皇"，意在表现富丽堂皇。到封建王朝时又进一步将最高统治者与天神结合为一体，称为"皇帝"。

　　玉钺是由新石器时代的主要生产工具——石斧发展演变而来。在远古时代部落之间为了生存和得益时常发生冲突，石斧便成为早期攻伐杀掠重要武器，后经不断改造出现比石斧更为锋利的石钺，最后演变为军事权利的象征。在良渚文化时期，部落首领常集宗教领袖，集军权、神权于一身，玉钺成为这些部落首领手中的"权杖"，在《尚书·牧誓》中："王左杖黄钺，右秉白髦以麾。"可见这时它成为一种权力的象征。良渚文化出土的"玉钺王"长 17.9 厘米，上宽 14.4 厘米，

良渚玉钺

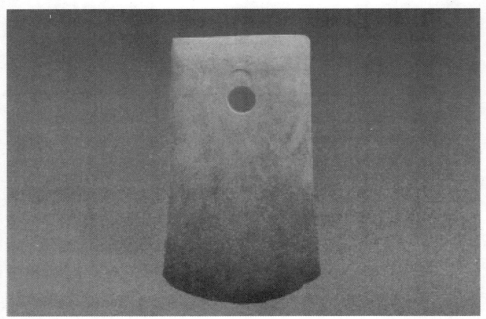

刃宽 16.8 厘米, 厚 0.8 厘米。玉质呈浅青色,
上面有少量的褐斑。造型呈汉字"风", 两
侧略向内凹弧, 左右不对称, 顶部有一半圆
形小钻孔、双面钻成, 便于用绳与玉钺捆扎
固定。弧刃, 上端较粗糙, 并有两道斜向的
捆扎痕迹。两面的刃部上角均有浅浮雕加阴
文细雕刻成兽面人身像, 下角有鸟纹。整件
玉器通体抛光精致, 刃部光滑无使用痕迹,
可见出土的不是实用器具而是墓主人生前拥
有军事统帅权力的象征。良渚文化中它是唯
一一件雕琢文饰的玉钺, 故此它被誉"玉钺
王", 为同类器物中罕见的精品。

玉钺是古代军事权利的象征

(二) 红山文化中的玉器

红山文化发源中国东北地区, 被世人誉
为是"中华文明的曙光"。东北地区自古就
有人杰地灵之说, 是人类重要的发源地之一,
东北的玉器红山文化距今约有五千年。红山
文化玉器主要有璧、璜、环、珠、坠、棒形玉,
以动物为造型是这一时期的显著特点。红山
文化以制造神秘精美的玉器而闻名遐迩。如
享誉海内外, 出土于"内蒙古翁牛特旗三星
他拉"红山文化遗址中的"C"型玉龙, 这
件玉器的外形已经具备了龙的基本特征, 而

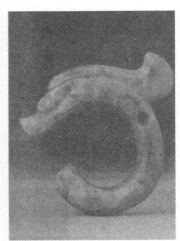
红山文化遗址 "C" 型玉龙

且是现在发现的最早的龙文化的实物，因此被喻为"中华第一龙"。

中国是龙的故乡，龙是中国神话最为神异动物，相传它能隐能显，春风时登天，秋风时潜渊。又能兴云致雨，为众鳞虫之长，四灵（龙、凤、麒麟、龟）之首，后成为皇权的象征，历代帝王都自命为龙，使用生活器物大多用龙的图案装饰。《山海经》记载，夏后启、蓐收、句芒等都"乘雨龙"。另有书记"颛顼乘龙至四海""帝喾春夏乘龙"。龙渗透在华夏千年的文化中，中国人常以龙的传人自称。龙是华夏民族的代表，是中国的象征！在这里需要说明的是"龙"虽然在英文中一般翻译为"dragon"，但西方文化中的"dragon"与中国传统的龙除了外形有一些相似外，在背景和象征意义上是有很大区别的。西方的"dragon"一般带有恶毒、凶狠的意味，与东方的瑞兽完全不一样。下面简要提一下中国的龙文化的内涵：首先，中国龙的观念蕴涵着中国人最为重视的四大观念：天人合一的宇宙观；仁者爱人的互主体观；阴阳交合的发展观；兼容并包的多元文化观。其次，在龙的理念中包含着中国人处理四大主体关系时的理想目标、价值观念，

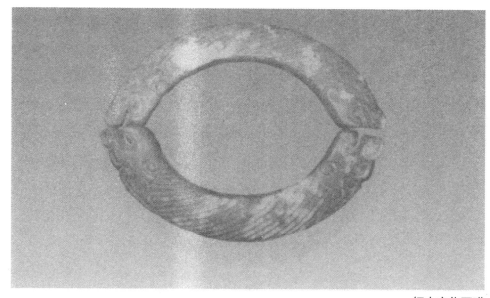

追求天人关系的和谐、人际关系的和谐、阴阳矛盾关系的和谐、多元文化关系的和谐。龙的精神可以说是多元一体、综合创新的中国文化基本精神，这是中国龙形象、龙文化的最深层文化底蕴。

红山文化玉龙曾有"中华第一龙"的称誉，虽然此后我们又发现了更早的龙形的踪迹，但红山玉龙的典型意义仍不容置疑。中华民族向以"龙的传人"自居，龙的起源同我们民族历史文化的形成和文明时代的肇始紧密相关。红山玉龙对于研究我国远古的原始宗教，总结龙形发展的序列都有着非比寻常的意义。从这一点上来看，怎样估价红山

红山文化玉璜

玉龙的文化价值均不为过。

红山文化中以内蒙古三星他拉出土的玉龙为代表。这件玉龙便是迄今发现的最早的以玉为原料琢制的龙的形像。玉身为墨绿色，高 26 厘米、直径 2.3—2.9 厘米。体卷曲，平面形状如一 "C" 字，龙体横截面为椭圆形。龙首比较短小，吻部向前伸，略有一点上噘，嘴紧闭，鼻端平直，端面近椭圆形，以对称的两个圆洞作为鼻孔，龙眼圆鼓如梭形突起，眼尾细长上扬。颈背有一长鬃，弯曲上卷，长 21 厘米，占龙体三分之一以上，与内曲的躯体相合，一眼望去龙体刚劲有力，欲于

红山文化玉琮

腾飞、气势雄浑,栩栩如生。鬃扁薄,并磨
出不显著的浅凹槽,边缘打磨锐利。龙身光
滑圆润,只在额及腭底刻以细密的方格网状
纹,网格突起作规整的小菱形。在龙体正中
有一个小穿孔,以穿绳悬挂,若穿绳悬起,
龙的首尾正好呈向下的水平状态。可见工艺
的精密。玉龙以一整块玉料圆雕而成,运用
了浮雕、浅浮雕等手法,其造型独特,工艺

红山文化黑皮玉器

精湛表明了当时雕玉技艺的水平已相当的高
超。此外龙身神秘使得这件作品增添了一层
美感。

　　由良渚文化和红山文化中玉器开始由生
活用品向武器和礼器过渡，说明以等级制度
为核心的礼制时代正在慢慢形成，从中我们
得知氏族社会将要崩溃，国家即将出现。玉
器第一个鼎盛时期正孕育着中华文化的萌
芽。

五、中国玉器的成长期——夏商西周、春秋战国

（一）夏代玉器

　　新石器后期，也就是传说中的"黄帝——颛顼——帝喾——尧——舜"五帝时期，各部落联盟彼此之间经历了大约四千年之久的兼并和战争。长期残酷的兼并征战使各部落相互同化，最终形成后来的汉民族。直至舜禅让给禹，继之"禹传启，家天下"，终于到启时建立了夏王朝，夏朝是中国第一个阶级社会。

　　夏朝是一个尊玉的朝代。如《墨子·非攻》记载："昔者三苗大乱，天命殛之。曰妖宵出，雨血三朝，龙生于庙，大哭乎市，夏冰、

夏朝是一个尊玉的文明国度

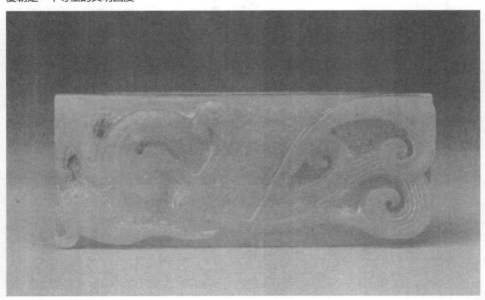

地坼及泉，五谷变化，民乃大振。高阳乃命禹于玄宫。禹亲把天之瑞令，以征有苗，雷电动震，有神人面鸟身，奉圭以待，扼矢有苗之将，苗师大乱，后乃过几。禹既充有三苗，焉历为三川，别物上下，乡制四极，而民补不违，天下乃静。"

三苗是从前生活在湖北、湖南及江西地城的原始部落，高阳是帝税项，为占夷人部落之神。传说夷人通常以鸟为图腾，认为鸟是守护神，常有这种神前来助阵厮杀，"奉圭以待"，圭是神的标志，只有神灵才能奉圭。把图腾崇拜和玉崇拜结合，从中可见对玉的崇拜。认为玉可以召唤神灵，在禹所发动的这次征战中，圭象征的是天意，大禹"亲把天之瑞令"就是这个道理。玉在当时既是号召的旗帜，又是统驭所部的法度。关于大禹和玉的关系的记叙有很多种。如《拾遗记》曰神授禹玉简，"禹即执持此简以平定水土"。还有"禹会诸侯于涂山，执玉帛者万国"等等。从中可以看出中国玉文化对华夏文明影响的悠久。

目前所知的二里头文化玉器，最具夏代玉器的代表性，它于1959年发现于河

玉鸟摆件

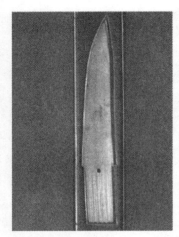

玉戈是典型的礼器

南西部偃师二里头。玉器的种类大体分为五大类，第一类是工具，如斧、铲、多孔梯形刀；第二类仪仗器：如戈、钺、戚、矛、箭头；第三类礼器：如牙璋、圭、琮；第四类饰玉：如柄形饰、锥形饰、镯、坠；第五类是杂器。其中以兵器和工具最为常见。夏朝的礼仪玉器中，兵器形玉器占了重要地位。五帝时期的各大战事中，强大部族不断兼并弱小部族，社会向部族间融合统一（国家形成）方向迈进，"合诸侯于涂山，执玉帛者万国"。这标志经过激烈的武力争战后，夏玉统治地位的确立与巩固。

二里头所出玉戈、玉钻和玉刀，正是"兵社"形式的一种体现，它们象征三辆君玉的军权及其在战事中的胜利与凯旋。

玉戈，龙山文化玉戈的延续。造型通常是直内、窄长援。通长 30.2 厘米。有的玉戈长达 43 厘米；器形之大，非常少见。内中部有一单面穿，穿援间有一些用阴线刻的细纹，双面刃，每面刃的中部均有凸棱，刀锋交界处弧形突起。它是典型的礼仪用器。

玉钻，是良渚文化、龙山文化玉铀的延续，但是在造型上比从前更加繁杂，由原来的直刃改成弧刃，成为四连刃。在力学原理

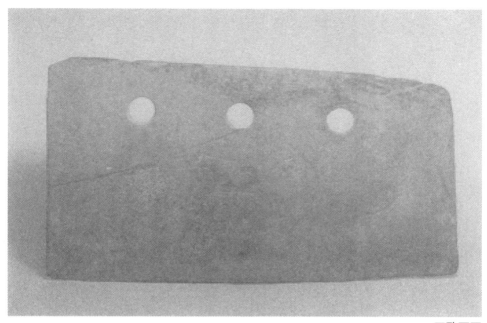

三孔玉刀

上，这种短形四连刃的比之前更具杀伤力，因为自力的面积大小与四强成反比。

玉刀，是生产工具石刀的延续，有的刃定最长者达 65.2 厘米，通体无刻痕，可见没有使用过，只是作为仪仗器。

三类大型"兵杖"玉器可说明，夏朝长期征战才得以建国和巩固政权，也反映了人们认为通过玉借天神力才得以统一的想法。这一时期采用的玉料多为河南的独山玉，此外还有白玉、绿松石等。二里头文化的玉器受良渚文化和红山文化启发，在造型风格，雕刻技艺上对商代玉器影响

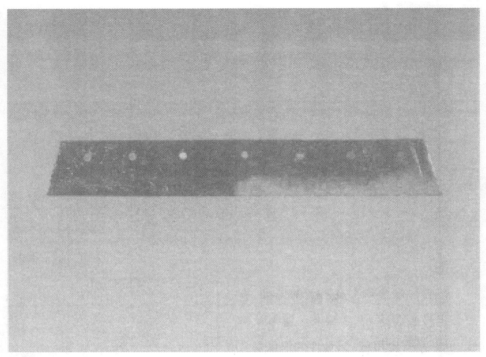

二里头出土的七孔玉刀

重大。比如，在玉器两侧刻对相称严谨的锯齿，用双平行线勾勒几何图形，这种手法在商代玉器中最常用。如二里头出土的七孔玉刀，玉身呈墨绿色，局部有黄色沁，外型与新石器时代晚期的扁平、多孔、肩窄刃宽石刀相似，长60.4—65厘米，宽9.5厘米，厚0.1—0.4厘米。两侧有相对称的锯齿，两端近肩处有等距平行钻有七个小孔，背身上钻有七个小圆孔。玉刀两面用直线阴纹的手法双线勾勒斜

商代玉虎

方格刻纹作为饰纹，此饰纹刻工巧妙，堪称
绝品。

从中可以得这样一个结论，作为中国阶
级社会第一个朝代的玉器。夏朝玉器是新石
器时代晚期与商代文化的过渡形态，为后世
的玉器发展奠定了基础，可见二里头文化中
的玉器具有承上启下的特殊作用。

（二）商代的玉器

商代使我国奴隶制社会得到进一步发展，
盘庚迁殷后，商朝在政治、经济各方面迅速
发展，达到奴隶社会的兴盛阶段。商朝灭亡
后，国都后来成为废墟，后人把它称为殷墟。

妇好墓出土的碧玉簋

1976年在殷墟中发现一座商代王室墓，这就是轰动中外的"妇好"墓。这之中最令人惊叹的是出土了大量玉器，共出土玉器755件，这些玉器雕工精美，极大地表现了商朝高水准的玉器艺术文化。

商代距今约3700—3100年，以青铜器和高水准的玉雕而著称。玉雕工艺上在新石器时代和夏代的基础上在造型风格、纹饰和雕刻工艺上有了新的创新。集前世玉雕琢工艺于一体，阴阳线刻、浅浮雕、圆雕等工艺都运用得巧妙而娴熟。在质料上采用和田玉、岫岩玉及少量的南阳玉。此外还采用绿松石、玛瑙、水晶等。

商代晚期玉器的种类、数量比商代早期和远古时代又增加了很多，从殷墟出土的商晚期新型玉器已有几十种，按用途可分为七大类：第一类礼器。祭祀天地神祇祖宗用玉、巫术用玉，如璧、环、瑗、璜、圭、琮、簋、盘等。如凤羽冠人形玉佩，长10.2厘米，玉身为灰青色，片雕，侧平视蹲踞形，头上有凤羽冠饰，眼睛圆大，直鼻，嘴角前倾，手臂弯曲，握拳放在胸前，臀上刻圈叉纹，并排穿一孔，下肢紧贴臀，有足但无脚趾刻画，足下有榫，全身饰勾云纹。刀法棱角分明，是凤羽冠人形玉佩中的佳品。

第二类仪仗器。王、妃举行仪式时的仪

凤羽冠人形玉佩

凤羽冠人形玉佩

仗用玉，如刀戈、矛、戚、钺等。它们形状与兵器相似，但只作等级标志。以玉戈数量最多，妇好墓出土的一件大型玉戈，在内的一面后部雕"卢方口入戈五"六字。大意为：卢方的某人入贡了五件玉戈。此外还出土了一件大刀，玉身窄长，后部有一穿，背部雕出锯齿状薄棱，短柄。刀身两面雕以精细的龙纹，整体身形十分精美。

第三类工具。手工业和农业工具用玉，包括斧、凿、锯、刀、铲、镰、纺轮等，因其中大部分无使用痕迹，据专家推测可能用于随身装饰。妇好墓出土的一件玉斧，形状呈长方扁圆体，弧刃，长方形内，一穿。斧身正反刻有兽面纹。

第四类用具。日用器具，包括臼、杵、盘、梳、勺、匕等。

第五类佩饰品。佩带用玉有笄、钏、串珠、管、坠饰与动物形象玉器，现以出量数量达千件，品种也较齐全，佩带和镶嵌饰物，头饰和冠饰，腕饰，器物上和衣上的坠饰，佩戴的串珠，以及用途不甚清楚的饰品。许多雕刻都非常精致，堪称殷墟玉器中的精华。

商代玉鳖是我国最早的俏色玉器

第六类陈设器。动物玉雕中无孔、无槽、无榫卯都是用于陈设。

第七类殉葬器。放在死者口中的块状或蝉形的玉含，开启了后世殉葬玉的萌芽。

商代出现了仿青铜彝器的碧玉簋、青玉簋等实用器皿。动物、人物形态变化多样，形神毕肖。玉人或站、或跪、或坐，姿态各异。商代出现了我国最早俏色玉器——玉鳖。商代还有一个大的创新是开始了大量的圆雕作品。开创了中国用玉的第二个高峰。

以妇好墓为例，简介商代的闻名于世的玉雕。妇好玉簋：高12.5厘米，玉器中的尊彝自古以来就是奇珍，这件青玉簋可称为殷墟最杰出的瑰宝之一。玉身呈碧绿色，以

以当时的青铜器为样本的商代妇好玉簋

和田玉为玉料，玉质温润透亮，光洁无瑕。平沿方唇，腹圆略鼓，圜底圈足。口沿下有两周凸弦纹作为装饰，腹部对称分布四条扉棱，中间饰勾连曲线纹三层，圈足饰变形云纹兼目纹，上下刻有弦纹。整个玉簋造型仿当时的青铜器为样本，形体较大，雕琢精致，造型肃穆、庄重，气度磅礴，在同类器具中很罕见。

镶嵌蛇纹铜柄玉矛：通长22厘米，柄长12厘米。由玉矛头和青铜柄构成。矛头呈淡绿色，有线状褐色玉斑。玉矛夹弧三角形，有中脊，前锋较尖，边刃不锋利。铜柄呈蛇形，张口，蛇首戏合矛头，矛头的后缘嵌入蛇口内，深约1.5厘米。柄上细下粗，后端有深銎，銎内有朽木痕迹。柄正反两面刻蛇形纹，三角形头，两眼凸起，身长而扭曲，尾外卷，并镶以绿松石。松石片排列匀称，雕工精湛，保存完整，是难得一遇的珍品。

青玉龙形佩：高7厘米，厚1.5厘米。龙身短小首尾相向。龙头近似方形；龙角呈柱形双角凸起，圆眼，口微张。商代玉龙在红山文化玉龙的基础上有所创新，商代玉龙以侧身玉龙为多；全身饰以双阴线斜方格纹，一腿一足，以阴刻线将身与腿分开；玉龙的

镶嵌蛇纹铜柄的玉矛

穿孔多在尾部或阔口部，便于系绳携带。

凤、龙都是古人想象中的祥瑞动物，龙
代表男性，凤代表女性，不过他们并不是同
时降临人间。早在五千年前我们的祖先已开
始塑造龙的形像，把龙视为心目中的神，而
凤则始于商代，是殷商人崇拜的神。据《史记》
记载，夏是龙的后裔，帮助大禹治水的殷契
是凤的后裔。殷契的母亲简狄在野外洗澡时，

妇好玉凤是至今发现最早的玉凤造型

食了玄鸟（即凤）卵而怀孕生了契，即所谓
"天命玄鸟，降而生商"，契长大后协助大禹
治水有功，后来成为殷商的始祖。殷商崇信
玄鸟，在商代的青铜器上我们可以见到铸有
很多变幻无穷的凤纹图案。妇好墓出土了很
多玉龙，而玉凤只此一件，可见商代对凤的
尊崇。

妇好玉凤：通高 13.6 厘米，壁厚 0.7 厘米，是至今发现最早的玉凤造型。这件玉凤通体呈黄褐色，玉凤身扁，平身前有透穿镂孔，形体修长，高冠勾喙、尖嘴如鸡，短翅长尾，引颈回首欲以振翅飞翔。背部外凸的穿孔圆钮，可供穿绳悬挂。整件玉器形象华贵，灵动有致，玉质温润光洁。

妇好跪坐玉人

妇好跪坐玉人：高 7 厘米，这件圆雕玉人，是妇好墓中众多装饰品中工艺最为精美的一件。玉料采用和田玉，呈表色，通体有黄褐色。玉人双手抚膝跪坐，头梳长辫高盘，加以箍形束发器，接连前额上方卷筒状装饰，像一个平顶冠。人的面庞狭长，细眉大眼，宽鼻小口，方形小耳，表情安详。身穿交领长袍至足踝，衣袖窄长至腕，腰束宽带，腹前悬长条"蔽膝"，两肩饰臣字形动物纹，右腿饰 S 形蛇纹，背后插一卷云状宽柄器，气度高贵典雅。

（三）西周时期的玉器

西周玉器在殷商玉器双线勾勒技艺上又有了新的发展，独创一面坡粗线或细阴线镂刻的琢玉技艺，这在鸟形玉刀和兽面纹玉饰上有重大突破。但从总体上看，西周玉器风

西周玉器

格上少了商代玉器的活泼多样，略显呆板。但是西周玉器在中国古代玉器史上有着不可忽视的重大贡献，从西周开始，中国玉器开始出现了人性化的趋向，最具典型的是人龙合体纹璜，二人首与三龙合体佩，造型新颖、惟妙惟肖。如西周夔龙纹青玉璜、管状兽面纹玉饰、凤鸟玉佩、玉鹿佩、谷纹母子龙佩。

公元前 8 世纪至公元 5 世纪，是中国历史上的春秋时期，中国处于社会大变革之时，周王朝摇摇欲坠，宗法开始瓦解，形成了"礼崩乐坏"的局面。分裂社会政局并没阻碍经济化的发展，春秋时期出现百家争鸣的局面，极大地促进了经济文化发展。在这一社会背景下一个新的用玉制度标志产生了，玉器的使用不再局限在上层阶级，用玉走入了平民，用玉随葬不再为贵族阶级所垄断已成为普遍的风俗。春秋战国是一个诸候争霸的时代，战争的频繁，使得土地、人口、财物成为各诸候强夺的目标，"和氏璧"的故事充分说明了当时上等的玉料也成为他们追逐的目标。春秋战国至汉代是中国玉器发展的第三个高峰，制玉的规模和水平得到空前的进步，其作品绝大多数都有精美的花纹作装饰，这些花纹样式变幻无穷、雕工细密，赏心悦目。

（四）春秋战国时期的玉器

春秋玉器继承西周玉器善用双阴线来刻画图纹，在装饰上则进一步强化了某一造型内雕琢单一的或相互交缠同体的龙纹图样，经常用在主体造型内，此外布局繁密，几乎不留空白。如河南光山县黄君孟夫妇墓出土的玉虎，体平扁，首低背拱，

战国龙纹玉璧

身体弯曲尾。在腹部、腮部、双肢列有少许几何纹外，通体满饰变形的龙纹，整体造型对称和谐。春秋早期玉器中极为流行，这种双阴线工艺和"形中有形"的装饰手法，是春秋早期玉器的一大特色。随着人们审美意识和文化观念的转变，春秋中期以后，以较宽的斜刀进行雕琢取代了以繁密的阴刻装饰线纹。到了晚期，被浅浮雕技法取而代之。如山西太原金胜村晋卿赵氏墓出土的玉璜、玉佩等，不但工艺精巧，温润光洁，浅浮雕的工艺技法使整件作品立体效果显著，平添了一层神秘。如玉牌，是春秋战国时期最普遍的一件饰物，扁平片状，外形呈方形或长

战国玉琮

方形，表面一般雕出兽面形象，周围饰以相对称的蟠螭纹或祥云纹。以淅川一号楚墓出土的一件兽面纹玉牌是同类玉器中的经典。此牌高 7.1 厘米，宽 7—7.5 厘米，厚 0.2 厘米，方形，正面下方有一兽面神像，周围以蟠螭纹装饰，上下各有一穿孔。

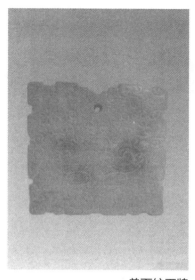

兽面纹玉牌

战国时期社会的变革、生产力的发展以及儒家赋予玉的种种道德文化内涵，"君子以德比玉"所以战国时期流行佩玉。战国突破了春秋时期多以小件为主的装饰玉、葬玉等，出现了大型的玉璜、出廓玉璧、龙形佩、带钩等；工艺高超，以镂空、浅浮雕的技法、独具匠心的造型见长；装饰丰富，除谷纹、云纹等几何纹，还出现了蟠螭纹、花叶纹及描写自然生活的图纹。此外战国玉器作品中的神兽造型，更加威武，神彩飞扬，意欲争霸。从玉雕中充分表现了各诸侯的雄心壮志。龙形佩，春秋后期开始出现，到战国时代达到鼎峰。

战国早期以如安徽长丰杨公墓葬中出土的一件镂孔龙形佩颇有代表性，这件龙佩玉质为黄色，半透明。通长 21.4 厘米，宽 11.5 厘米，厚 0.9 厘米，体扁平，腹部单钻一孔以作穿绳佩带。龙背遍饰谷纹，

战国玉器

余部饰阴线纹，并以镂空雕法，琢成勾云纹，在龙身上还有两只小鸟，像这样大号，在战国龙佩中很少见。闻名于世的曾侯乙墓出土的多节龙凤纹佩，是战国早期玉器中难得的珍品。这件佩玉油润光滑，工艺精细，通体长达48厘米，用五块玉料磨制而成。器面分别雕琢有龙、凤、螭等，并间饰几何纹。同时集阴刻、浮雕、镂空、接榫、碾磨于一器，技艺精湛，体现了战国早期高度的治玉水平。

战国中晚期，玉器工艺呈现出一派辉煌的景象。此时玉料多采用质地温润的和田玉。雕刻工艺更加成熟，所雕作品规矩整洁，纹饰线条明朗，无论是浅浮雕、透雕，还是阴线刻画，均琢制得精益求精。作品造型新颖、更具气势。无不让人拍手叫绝，赞赏有佳。如战国的"蝌蚪纹"玉杯，战国阴刻涡纹玉龙、春秋云雷纹玉璧、汉代兽面玉铺首、汉代浮雕螭虎玉剑首、春秋黄君孟墓出土的虎形佩、战国透雕龙纹套环、战国五重曲体玉龙。这一时期工艺的精细程度使中国玉器达到了空前的高峰。

六、中国玉器成熟期——秦汉
六朝、隋唐宋辽金

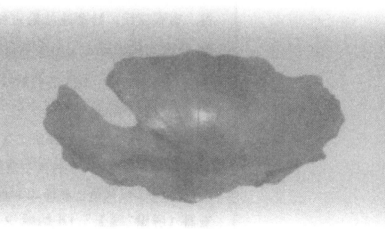

雕有神兽图纹的汉代玉璧

（一）秦汉时期的玉器

秦朝由于徭役重致使玉器业进入低谷。直到汉代，社会政治稳定和经济繁荣，中国文化史进入了一个黄金时代。稳定的社会环境使汉代玉器得到全面发展，汉代弃旧图新，开创了中国玉器的第四个高峰。

汉代玉器继承了玉器的传统工艺，并有所变化和发展。总体上看礼仪性的玉器（所谓"瑞玉"）开始减少，组成佩饰的各种佩玉在种类上流行简洁，用于丧葬的玉器增多，玉制的日用品和装饰品发展较大。在雕琢工艺方面，圆雕、高浮雕、透雕的玉器和镶玉器物有所增加。纹饰的风格写实为主，这些都为先秦玉器所不能比拟的。汉代的玉器种类繁多，按社会功能和用途的不同，可以分为日用品、装饰品、艺术品、辟邪用玉、礼仪用玉和丧葬用玉。

玉雕双龙佩

总观汉代玉器的风格特征我们可以发现，一部分传统玉器消失，一部分罕见。如礼器和仪仗器的琮、圭、璋、戈、钺、戚、刀、斧、铲、凿，基本消失。玦、镯、笄、坠、珠、管极少见到。另外，新的器物大量出现：如座屏、高足杯、葬玉、刚卯、翁仲、辟邪、铺首、玉剑具、心形佩（也称鸡心佩）。在汉代，多采用羊脂白玉雕刻。在雕刻手法上以变化多样、精雕细琢、作品富有立体感著称。此外还有一显著特点，在汉代雕刻以简练为主，称之为"汉八刀"，特别是以玉翁仲人、玉蝉、玉猪为代表，这是汉代玉器雕刻的重要特征。另外汉代玉璧上出现了四灵图案（青龙、白虎、朱雀、玄武四种辟邪灵神）作为纹饰，单独的龙、凤纹装饰也常在玉璧上出现。

这一时期出土了大量精美玉器，如丝缕玉衣、透雕龙凤纹套环、盘高足玉杯、

汉代辟邪玉

宋代朱雀玉

活环子母口玉盒、螭虎钮玉"帝印"等。

魏晋南北朝时期，在这四百年的期间里，战乱纷起，生灵涂炭，致使玉器的发展受到了抑制。具体表现为文化上，"玄学"的出现，取代了儒教的统治地位；汉代以来按儒家礼教制定的用玉传统受到全盘批判。曹魏文帝下令禁止使用玉衣。物质上，金银取代了玉器成为富豪的标志。瓷器业、绘画和书法的初步兴起，转移了人们对玉的独爱。但是玉在新的领域慢慢萌芽，佛教传入中国，促使玉工艺转向新领域。战争的残酷，人们借佛教祈求上天的护佑，以和田玉雕造佛像或引进玉佛兴起。虽然有所创新，但乱世薄葬，出土玉器极少，玉器工艺再陷低谷。

传世品中有一面谷纹一面云螭纹的璧，还有玉雕狮、青玉卧兽。

（二）隋、唐、宋、辽、金、元时期的玉器

隋唐五代从581—960年，共380年。玉器得到了恢复发展。唐朝国力雄厚，疆域远及西域，经济、文化得以广泛交流，吸取了大量的外来文化，从玉器上看，玉雕艺术与绘画联系更加密切，玉雕的艺术水平大大提

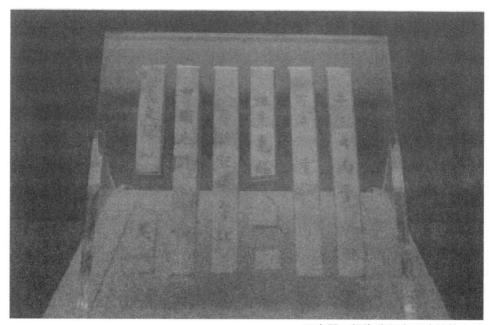

玉哀册一般为称颂帝王功绩的文辞

高。

唐代玉料以和阗青白玉为主，其他玉料少见。在装饰材料上推陈出新，金玉并用，色彩艳丽。图案多采用花卉纹，图案完整，花蕾、花叶、花茎一应俱全。雕刻工艺以细密阴线与网状细阴线为主，使得整件作品更具灵性。与汉代相比礼仪用玉和殉葬用玉大大减少。唐代玉器旧的礼仪玉被佛教玉器、实用玉器皿、摆饰玉取代。礼仪玉，由禅地玉册与玉哀册两种取代周代的琮、璧等"元器"。禅地玉册，呈简牍状，一般以五简为一排，用银丝联接，隶书书写。玉哀册是帝王

玉飞天中的仙女形体婀娜

下葬时的最后一篇悼文，一般是称颂帝王功绩的文辞。玉哀册形状呈扁平片状，一般较宽长，表面磨平，正面刻楷书文字，字内填金，背后有编号。唐代佛教玉器主要有玉佛和玉飞天两种。玉飞天在传世玉中较多，一般是仙女形象，其形体丰韵婀娜可与敦煌壁画飞天相媲美。唐代宫廷用玉，主要有玉带板和玉首饰两大类。唐代器皿玉器在商代的基础上有了进一步的发展。唐代的摆饰玉器，大多是生肖玉器，唐代摆饰玉以人物、动物居多。作品风格生动活泼，对宋、元、明、清各代玉雕影响很大。受佛教的影响，传世之作以玉雕人居多，如唐代的玉人骑象、玉飞天，刻有胡人乐舞形象的玉铊尾等。

虽然唐代玉器不多，但唐代玉雕在中国玉文化史上书写了焕然一新的一页。

经过唐末五代的长期战乱，玉器在宋、元、明开始缓慢的复兴。

宋代继承唐代玉基础，同时吸纳辽、金玉器中的精华，推陈出新，使其玉雕更为精美。北宋宋徽宗赵佶的嗜玉成瘾，使得金石学兴起，加之社会的稳定、经济的繁荣，造就了宋、辽、金玉器的空前发展。对后来的金玉器工艺美术影响巨大。玉器市场的繁荣，刺激民间琢玉业的发展，玉从皇宫走进了民间，宋代出现了平民化的世俗题材玉器。强烈的世俗化和浓厚的生活气息是宋代玉雕的显著特征。如宋代执荷叶童子玉雕、白玉荷叶杯、白玉兔镇纸等。从唐代开始的花卉纹玉器到北宋得到了兴盛的发展，成为主要的玉雕体裁。花鸟形玉佩充分体现了宋代雕工的精细，其中以北京房山县长沟峪石椁墓中双鹤衔草玉饰最为精美。这件玉器高6厘米，宽8.2厘米，厚0.6厘米。采用青玉，器身扁平呈椭圆形，以镂空和阴线表现一对口衔卷草的仙鹤。宋代出土古玉增多，滋长了仿制古玉之风，仿古玉的萌芽在是宋代开始滋

南宋白玉荷叶杯

双耳玉杯

长。宋代精湛的镂雕工艺及仿古对后世玉器发展具有深远的影响。

辽国和金国分别由契丹族和女真族两个游牧民族建立，这一时期的玉器风格具有草原民族特有的"春水玉"和"秋山玉"，两者都是装饰玉。春水玉是反映辽代皇帝、贵族春季进行围猎时，放海东青捕猎天鹅场景的玉雕。春水玉通常采用镂雕来体现水禽、花草，风格写实。秋山玉是描绘辽金元皇帝、贵族秋天于山林围猎的场景。采用镂雕工艺雕琢山、林、虎、鹿等自然画面，风格以写实为主。以虎、鹿为体裁，琢以山石、林木。或单面雕，或双面雕，虎多作蹲状，鹿多作奔驰状。树木中多以东北常见的柞树作为表现题材。虎、鹿穿行其中，场面生动活泼，情趣盎然，乡土气息浓厚。

元代受金代和汉文化影响，玉器得到进一步发展。元代在大都、杭州等地均设有官办玉器作坊，以满足宫廷用玉的需要。元代玉器最具代表是渎山大玉海。元代花鸟图案的玉器中工艺最为精致的要数凌霄花嵌饰。元代吸取宋辽金玉器精华，取长补短，使玉雕有了新的突破，为开启明清玉器的盛世奠定了基础。

七、玉的鼎盛时期——明清时期玉器

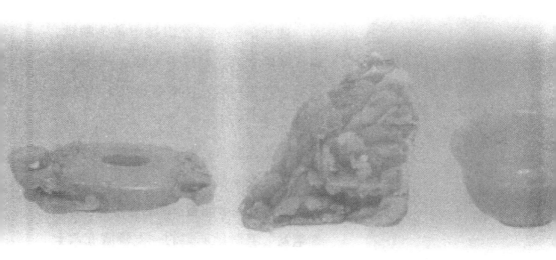

白玉碗

明代青白玉夔凤纹子刚款樽

（一）明代玉器

明代内乱频频。但是明代承袭南宋以来商业贸易，使其商业非常发达，民间也因此变得富裕。明代玉器的发展变化从总体上看，渐渐脱离五代两宋玉器形神兼备的艺术风格，雕刻工艺日趋完善，所出作品精雕细琢、构思新颖、气势奔放，常以金镶玉结合，奢华气派。皇家对玉极为重视，明代的皇家用玉开始由御用监监制，在民间观玉、赏玉非常流行，一些大城市中一般都有玉肆，当时苏州是最著名的碾玉中心。同时，古玩商界制造了古色古香的伪赝古玉器以适应收藏、玩赏的社会风气。

明代的雕刻工艺以镂空最为精湛，昌盛的玉雕业也造就了大批的能工巧匠，在明代最有名的玉匠要数嘉靖、万历年间，苏州名匠陆子刚，他是江苏太仓人，当时名闻朝野，他最擅长雕琢饰有水仙花纹的玉簪，据《苏州府志》载，他"造水仙簪，玲珑奇巧，花茎细如毫发"。当时他所刻的一支簪值五六十两银子。在民间有许多关于陆子刚的传说。如说他技压群雄，得到明代皇室的赏识，奉旨入宫，享受奉禄。一天，皇帝召见陆子刚，拿出一枚拉弓引弦用的玉扳指，让

明代青玉镂雕葵花洗

他在上面刻上《百骏图》。拇指大玉扳指想要刻上一百匹马，如何做到？皇帝想借此试试他的本事。陆子刚当下答应。几天之后，陆子刚将刻好的扳指呈上。皇帝一看，扳指上并无百骏，仅有三匹马以及重叠的山峦和大开的城门。三匹马中，一马正向城门疾弛，一匹马已经入城仅露马尾，一匹马从山谷奔来才露马头。陆子刚在有限的画面上，巧用虚拟手法，暗藏百骏其间，皇帝也不得不表示佩服。遗憾的是，他后来因一时失检，在龙口中刻了子冈款，被人告发，叛"犯逆"罪处死。代表作有青玉卮、玉环把怀、百乳白玉蝉、白玉印池、玉簪等。

明代玉器工艺的发展经历了早中晚三个
时期。明初玉器出土和传世的均有佳作，风
格继承元代，作工肃穆而精美。如明汪兴祖
墓出土了玉带饰十四块，玉龙藏于祥云之中，
雕工玲珑剔透。山东邹城朱檀墓出土了冕饰、
玉带、玉佩、玉圭、玉砚、玉笔架、玉杯等
玉器，这些玉器所采用的玉材温润光洁，图
案豪放，不重细部，保留了元代玉器的遗
风。早明的玉器没有自己的风格。明朝中期
的玉器风格趋于简洁，出现了体现文人色彩
的玉器，如青玉松荫策杖斗杯等。晚明前期
东南一带社会稳定，城市经济繁荣，玉器产
量大量增加。当时玉器加工集中在苏州，著
名玉工陆子刚就出自苏州专诸巷。此期代表
性的玉器有明十三陵定陵出土的玉带钩、玉
碗、玉盂、玉壶、玉爵、玉圭、玉佩、玉带
等，包括了死者生前御用玉器和死后的殉葬
用玉。其中玉壶、玉爵等使用錾金或珠宝镶
嵌工艺，金镶玉的结合使得玉器绚丽多彩、
华丽气派。当时古玉已成为古董（或称古玩），
是高价的特殊商品。商人为了获取高利，便
用劣质玉、掺色玉等廉价玉材制造了大批假
古董，玉器数量激增，艺术上明显变得粗

鹤雕玉瓶

明代青玉双婴耳杯

犷，精工者较少，多与金银宝石镶嵌工艺结合。因明中晚期城市经济繁荣，手工业发达，海外贸易频繁，玉器出现商业化的趋式。在图案方面，以瑞吉祥的谐音风格为主，这种"图必有意，意必吉祥"的图案，主要是为了祈福，其次才是为了欣赏。晚期名工陆子刚所琢玉器反映了此期时作玉、仿古玉及文人用玉的交错发展的形势。明代城市商品经济繁荣、玉器生产商品化的结果，也是我国玉文化的新变化。

明代传世珍品很多，如清宫旧藏苏州镂雕牡丹花熏、"秋山行旅图"玉山、扬州

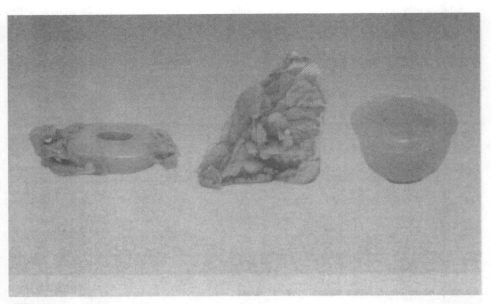

清代玉雕

工"会昌九老图"玉山、朱察卿墓出土的金镶玉蝶、定陵的玉带钩、鲁荒王朱檀墓的白玉葵花杯、汪兴祖墓玉带扣等。

（二）清代玉器

清朝入关后，统治阶级励精图治，扫清叛乱，发展生产，肃整吏治，使得清代一度社会稳定、经济繁荣，出现了"康乾盛世"。康熙时吴三桂追击南明永历帝入交趾，开拓了缅甸翡翠进入中原的路线。到乾隆时期攻打西域开通了和田玉内运的通路，和田玉大量运进内地，极大地促进了玉器工艺发展，至此我国古代玉器登峰造极达到中国玉器史的最高峰，也是我国玉文化的第五个高峰。

清代玉工集历代雕刻精华：阴线、阳线、平凸、隐起、镂空、俏色等多种传统，吸纳西方的艺术融汇变通，作品集绘画、雕刻、工艺美术于一体，玉器制作工艺繁琐，时代特点显著，大部分玉器均具有较高的艺术造诣。清代玉料多采用白玉，特别钟爱羊脂白玉，在民间以江苏、浙江两地产量为多，多数精品都产于这里。扬州玉器发展水平也很高，尤其是大型玉雕，有的重达上万斤重,如《大禹治水图》玉山。

清代青玉兽面纹出戟花觚

清代玉器行业并不是一开始就这么发达，顺治、康熙年间连年战乱，民不聊生，玉器行业处于萧条低迷状态。到雍正年间经济得以复苏，手工业开始发展，玉作也重新兴起，直至乾隆、嘉庆年间才达到昌盛期。这时宫廷玉器用玉数量增多，各主要大城市玉肆生意兴旺。民间观玉赏玉之风兴起，玉器的用途更加广泛，清代在原有玉器品种上又有了新的增加，以佩饰、实用玉器和陈设玉器为主，另有鼻烟壶、烟嘴、翎管等新品种;盛行山子、屏风、彝、鼎等大型陈设玉器，品类齐全。

清代玉器在纹饰图案上仍采用明代的

图案纹饰，但在细部有的雕琢比明代更加精细、巧妙，技艺比以往历朝历代都更为出众，具有高超艺术造诣。清代雕刻有三大特点：其一是"大"，如乾隆年间最大的一件玉雕，这也是世界上目前发现最大的一件玉雕《大禹治水图》玉山。重达 5350 公斤，费时三年多，行程四千多公里，运到扬州进行雕刻后运回故宫寿乐堂，刻上御制诗，前后花费了十年时间，用工十万多人次，花费白银上万两。其二是"精"，雕琢工艺集历朝历代精华，将高浮雕、浅浮雕、线刻、刻款、多层透雕等多种技艺融会贯通，巧妙结合。其三是"新"，作品别具匠心，巧妙利用玉色差异创作。此外与历代不同的是清代在玉器上刻诗、刻词、刻年号、刻吉祥语。如：清乾隆年间的和田白玉错金嵌宝石碗，这件玉器高 4.8 厘米，口径 14.1 厘米，足径 7 厘米，玉质洁白晶莹。器壁很薄，碗口呈圆形，由口及腹斜收，桃形双耳，花瓣式圈足。外壁饰花叶纹饰，最具特色的是枝叶由金片嵌饰而成，花朵以 108 颗精琢的红宝石镶成。腹内壁用阴文楷书乾隆帝御制诗一首，全文为："酪浆煮牛乳，玉碗拟羊脂。御殿威仪赞，赐茶恩惠施。子雍曾有誉，鸿渐未容知。 论

白玉菊瓣碗

彼虽清矣，方斯不中之。 巨材实艰致，良匠命精追。 读史浮大白，戒甘我弗为。"另有"乾隆丙午新正月""御题"款识及"比德"印。碗内底正中有隶书"乾隆御用"四字。清代玉器犹如一颗璀璨的明珠，将中华七千年文化浓缩其中，在这里存放着华夏文明，这是一部珍贵的历史。

中国的玉文化是中国七千多年文化的重要遗产，一部玉器史表现了中国博大精深的历史文化。可见玉是中国独具的一种深奥、特殊的文化。在中国各个历史时期，它都是中国古代文化宝库中的瑰宝。玉器被誉为中华文明的奠基石。有关它

清代白玉三羊

清代圆青玉仙人出行

的传奇，更是惊心动魄、唯美动听。足以证明中华民族爱玉至深、至诚、至迷、至痴。因此形成了中国人几千年的用玉观念，使玉器的身价贵为货宝之首，充分体现了中华民族爱玉、尊玉的情结。